늦게 와서 미안해,
라오스

늦게 와서 미안해, 라오스

초판 1쇄   2011년 6월 24일

지은이   정의한
펴낸이   김영재
펴낸곳   책만드는집

주소   서울 마포구 합정동 428-49번지 4층 (121-887)
전화   3142-1585 · 6
팩시밀리   336-8908
전자우편   chaekjip@naver.com
등록   1994년 1월 13일 제10-927호
ⓒ 정의한, 2011

지은이와의 협약에 의해 인지를 따로 붙이지 않습니다.
잘못된 책은 구입하신 서점에서 바꾸어드립니다.

ISBN 978-89-7944-363-9 (03810)

이 도서의 국립중앙도서관 출판시도서목록(CIP)은 e-CIP
홈페이지(http://www.nl.go.kr/cip.php)에서 이용하실 수 있습니다.
(CIP제어번호: CIP2011002305)

늦게 와서 미안해,
라오스

정의한 글·사진

책만드는집

차례

Pakse 빡쎄
남부 라오스의 관문 … 15

Champasak 참빠삭
빗속의 왓푸 … 31

Savannakhet 싸완나켓
우리들의 아름다운 집 … 49

Thakhek 타켁
미안하다 그리고 지나간다 … 71

Nahin 나힌
양보할 수 없는 절대 오지, 탐롯콩로 … 91

Vientiane 비엔티안
라오스의 상징 그리고 성지 탓루앙 … 119

Vang Vieng 방비엥
순수와 착각의 절묘한 중간 … 141

Luang Prabang 루앙프라방
나눔, 그것은 마지막 남은 인간의 도리 … 159

Xayabouri 싼야부리
거대한 아스팔트 공원 … 177

Phonsavan 폰싸완
항아리고원과 라오스 최고의 언덕이 있는 곳 … 195

Xam Neua 쌈느아
라오 공산당 최후의 저항 그리고 뚭젓의 추억 … 219

Vieng Thong 비엥통
전원의 소품 … 239

Nongkiaw 농키아우
1억 개의 별이 쏟아지는 비밀의 밤하늘 … 253

Muang Ngoi Neua 므앙응오이느아
라오스 여행의 정점 … 267

Oudomxai 우돔싸이
내 마음속의 우돔싸이 … 285

Luang Namtha 루앙남타
북라오스의 베이스캠프 … 307

Muang Sing 므앙씽
마음을 가르치는 곳 … 317

Houayxay 훼이싸이
40일, 라오스의 마지막 기억 … 339

프롤로그

라오스로 가기로 했다.

몇 해 전 《뉴욕타임스》에서 죽기 전에 가보아야 할 나라 1위에 올렸다던 라오스. 그런 상투적인 표현과 더불어 심심치 않게 들려오는, 라오스는 이미 충분히 변했다는 다소 흥흥(?)한 소문에 막차를 타는 의미 말고라도, 라오스로의 여행은 아직 많이 알려진 곳이 아니라는 단순한 면에서 충분히 가치가 있었다. 예전에 주변 국가인 태국과 캄보디아, 그리고 베트남을 다녀왔기에 여행지는 우선 라오스로 한정했다.

라오스에 가기 전에 특별히 준비할 것은 없었다. 큰 그림으로써의 동선과 해당 지역의 숙소 점검 정도면 이미 많은 준비를 한 셈이어서 다른 준비는 필요치 않았다. 단지 여행지에서 읽을 책을 고르기 위해 안양에 유일하게 남아 있는 헌책방에 가서 두 권을 샀다. 미시마 유키오의 『부도덕한 교육 강좌』와 얼마 전 고인이 된 J. D. 샐린저의 『아홉 가지 이야기』. 특별히 중고 서적을 고르는 이유는 여행을 다니며 읽을 책에 애착을 가지고 싶지 않아서다.

라오스 이후까지 합하여 석 달의 여행 중에 두 권의 책은 사실 조금 부족한 권수다 싶기도 했지만 다 읽으면 중간에 다른 여행자와 교환할 수도 있다는 생각에 더 이상 권수를 늘리지는 않기로 했다. 그리고 항상 무거운 배낭 안에서 책의 무게는 어쩌면 여행 중에 가장 무의미할 수도 있다.

자, 출발. 며칠 동안 쉬지 않고 비를 뿌려대던 하늘이 신기하게도 떠나는 오늘만 반짝하고 내일부터는 다시 태풍의 영향권이란다. 경유지는 대만. 비용 면에서의 차이보다는 라오스의 남부 지방부터 여행을 시작하려는 생각과 태국 동북부 지방인 이산 지방을 거쳐 가리라는 심산으로 일부러 경유하는 쪽을 택했다.

대만을 거쳐 방콕까지 가는 여섯 시간 동안에 기내식을 두 번이나 먹었다. 기내식에 열광할 나이라는 것이 있는지는 모르겠지만 이미 어떤 식으로든 나이를 먹어서 그런지 이 기내식이란 것이 정말 몸에 와 닿지가 않는다. 그리고 와 닿지도 않는다고 하면서 어쩔 수 없이 나오면 유혹을 거부하지 못하고 먹고 만다. 한 달 동안 좁은 이코노미 의자에 앉아 기내식만을 먹게 하는 새로운 고문 아이템이 등장한다면 꽤 효과적일 것 같다.

내일이면 우리나라에 들이닥칠 태풍이 대만을 막 지나갔다. 비행기 창밖을 통해 보이는 비의 기세는 무언가 잔뜩 벼르고 있는 것처럼 주저하지 않는 공격적인 자세다.

롤러코스터처럼 엄청나게 흔들리던 비행을 마치고 방콕에 안착했다. 이미 태풍을 보낸 태국 쪽의 대기는 싸늘하게 평온했다. 안도감과 만족감의 의미는 교묘하게 다르지만 서로에게는 무척 이타적인 감정이다. 난 그것을 동시에 느꼈다.

짐을 찾아 특별할 것이라곤 없는 입국심사대를 통과하고는 라오스로 들어가기 전 태국의 동북부 도시인 '우본랏차타니'라는 도시로 가기 위해 방콕 북버스터미널로 가는 공항 내의 택시 표를 끊었다. 450바트2010년 9월 현재 바트당 40원 정도. 베트남과 필리핀, 그리고 멕시코의 공항으로 입국할 때마다 심하게 택시비를 지출했던 기억이 있지만 40여 분이나 달려왔기에 딱히 바가지를 썼다는 느낌은 들지 않는다.

기사와 악수를 하고 터미널로 들어서니 불을 밝히고 있던 매표 부스 한 곳에서 우본랏차타니행 막차가 방금 떠났다는 소식을 전해준다. 12시 막차였다며 우본행 첫차는 새벽 5시 반에 있는데 우선 네 시간 거리의 다른 도시로 가는 것이 어떻겠냐고 한다. 새벽 4시에 아무것도 모르는 도시에 내리라니. 막판까지 자기네 회사의 표를 처리해보려는 속셈임을 모르지 않았기에 대충 심란한 미소를 날려주고 돌아섰다.

우선 밖으로 나왔다. 혹시 모를 나중의 안전을 위해 밖에서 진을 치고 있는 퇴근한 버스회사 호객꾼들과 안면을 트려고 선심 쓰듯 담배를 나눠 물었다. 터미널에서 지낼 수밖에 없는 다섯 시간의 안전을 위해서라면 까짓 피자와 맥주까지라도 쏠 판이었다. 터미널 주변에 잠을 잘 만한 숙소가 있는지 없는지도 몰랐지만 터미널과 숙소라는 이미지는 선뜻 연결하고 싶지 않았다. 어차피 말도 통하지 않아 서로 어색한 분위기를 지으며 불을 붙이고 있는데 갑자기 한 청년이 나타나더니 빨리 차를 타러 가자며 자기를 따라오란다. 첫 모금 때였다. 담배 한 대로 벌써 주변의 호객꾼들은 내 편이 된 듯했기에 나는 보란 듯이 심드렁하고 비스듬한 각도로 "그런데 당신은 누구요?"를 연발했지만 그는 오히려 나보다 더 바쁘게 이미 저만치 앞서 나가버렸다. 주위에서도 빨리 따라가라는 눈짓이다.

호객꾼 친구들과 아쉬운 담배 회동을 마치고 난 그를 따라 뛰었다. 순간 내가 왜 저 사람을 따라가고 있는 걸까, 하는 생각이 들었지만 벌써 뛰고 있는 발쪽에서 잔말 말고 따라가라는 신호가 올라왔다. 어딘지 럭셔리해 보이는 그의 모습을 녀석들이 먼저 간파해버렸나 보다. 앞서 뛰고 있는 그의 왼손에선 확실히 순도 높은 금색의 시계가 번쩍거렸고 두툼해 보이는 목은 적어도 '채소만을 먹으며 살아오지는 않았노라'는 어떤 묵직함이 있었다. 이미 버스들이 다 떠나버린 터미널 뒤쪽의 어두운 승차장 계단을 뛰어 내려가고 있으려니 마침 버스 한 대가 급하게 떠나간다. 마지막 버스였음을 알리듯 갑자기 들이닥친 심한 적막감은 당연히 우리 두 사람을 더욱더 낯설게 만들었다. 나를 안내했던 청년이 버스를 향해 거세게 휘파람을 불었지만 버스는 이미 터미널 출구를 빠져나가고 있었다. 어두운 밤공기 사이로 힘없이 날아가는 휘파람은 아주 약간은 집시 음악같이 처량했다. 그는 급하게 어디론가 전화를 하더니 나보고 다시 따라오라며 아까보다 더 급한 속도로 반대편을 향해 달리기 시작했다. 난 순간 홀린 것 같았다. 밤 12시가 넘은 방콕의 북터미널에서 갑자기 나타난 모르는 사내와의 달리기라니……. 다행히도 저 친구를 따라잡고야 말겠다는 쓸데없는 승부욕마저 들지는 않았다. 그는 터미널 바깥에 주차되어 있던 자기 차를 타라며 나에게 결연한 눈짓을 보냈고 뒤에서 아직까지 담배를 피우고 있던 친구들은 왠지 나에게 '파이팅!' 하고 응원을 해주는 것 같았다. 순간 뒤돌아 오른쪽 주먹을 불끈 쥐는 액션을 취할 뻔했을 정도로 힘 있는 광경이었다.

   차는 10분이나 달려 가로등 아래 정차해 있는 아까 그 버스 앞에 나를 내려주었다. '맑'이라는, 아마 버스회사 사장의 아들쯤 되었을 그는 나를 이렇게 배웅해주었다.

횅하던 터미널 안에서 갑자기 나타난 맑의 기지(?)와 야간 달리기 덕분에 난 무사히, 그리고 뜻하지 않게 다행스럽고 너무나 감사하게 우본행 버스에 몸을 실었다. 산타클로스 같던 그가 아니었다면 난 방콕 시내에서도 한참이나 외곽에 위치한, 우리나라로 치면 아마 일산을 넘어 파주쯤이 될 불 꺼진 북터미널에서 밤을 꼬박 새웠을 것이다. 고마워. 맑. 진짜.

386바트. 우본으로 출발. 자리는 2층 맨 앞자리만이 남아 있다. 유리창이 전면으로 와이드하게 펼쳐져 있어 자칫 문제라도 생긴다면 그대로 유리창을 깨고 앞으로 튕겨져 나갈 것 같았지만 다른 방법은 없었다. 10여 년 전 들렀던 아유타야의 표지판을 보고는 잠이 들었던 것 같다. 새벽에 몇 번인가 뒤척였지만 의외로 침을 두 번이나 흘렸을 정도로 잘 잤다.

우본에서는 특별히 일정을 잡지 않았으므로 하루만 묵고 바로 다음 날 라오스로 넘어가기로 했다.

늦게 와서 미안해,
라오스

Pakse
빡쎄

남부 라오스의 관문

불을 껐다. 조용하다.
늘 어디선가 들리던 개 짖는 소리도 거의 들리지 않는다.
빡쎄에 대해 특별한 단상은 없다.
기록적인 수치가 아니더라도 꽤 더웠다면 기본적으로
날씨에 대한 생각이 미치게 마련이지만
오늘은 특별하게 덥지도 않은 날이라고 한다.

국경을 통과, 빡쎄로 들어왔다. 라오스에 대한 개인적인 선입견 탓인지 흥분이 되거나 가슴이 벅차다는 느낌은 없었고 국경에서도 딱히 아무런 어려움이 없었다. 체제와 사회의 방향이 다른 한국과 라오스가 언제부터 상당히 친한 구석이 있는 나라로 발전했는지는 모르겠지만 한국의 입장에서 15일간 무비자로 여행할 수 있다는 것은 확실히 여러 가지 이점이 많다. 참고로 한국은 현재 150개국에 육박하는 나라와 비자 면제 협정을 맺고 있어 가장 많은 비자 면제 협정국을 두고 있는 덴마크157개국와 엇비슷한 수준이다. 대한민국 정부에 감사해야 할 일임에는 틀림없다.

갖가지 생필품을 어디서부턴가 사 가지고 온 아낙들과 함께 썽태우태국과 라오스의 트럭버스를 타고 우선 시내로 들어왔다. 아주 미세하지만 태국인과 라오인들은 확실히 달라 보인다. 같은 동양인이긴 하지만 어딘가 다른 풍모를 가진 여행자였기에 그들은 내게 희미하고 덤덤한 표정을 지었다. 살아오면서 많이 접해보지 않은, 익숙하지는 않은 표정이었다. 차 안에는 일행이 아닌 두 명의 일본 남자가 있었다. 한쪽의 일본인과 인사를 하고 내가 다른 일본인에게 "이 친구도 일본 사람이라는데?" 하니까 서로 모르는 척이다. 정말 서로 아무 말도 나누지 않았다. 여행을 다니다 보면 일본인들끼리는 의도적으로 모르는 척을 하고 다니는 경우를 종종 보게 되는데, 유럽 배낭여행자들이 자신의 몸만 한 배낭을 가지고 다니는 것처럼 도무지 이유를 모르겠다. "진정한 여행을 하려면 동포끼리는 철저하게 알은척을 해서는 안 된다"가 그들의 암묵적인 룰인가 보다.

아직 환전을 하지 않아 라오스 돈이 없었기 때문에 태국 돈 40바트를 내고 이들이 말하는 '센터'에 내렸다. 어떤 이는 도시마다 꼭 그곳 특유의 냄새가 있다고 하는데 아직 어떠한 냄새를 맡지는 못했다. 냄새는 분위기라는 단어의 좀 더 구체화된 이해인 것 같다. 이른바 센터에는 여행자들에게 필요한 웬만한 편의 시설이 몰려 있었다. 여행자들에게 필요한 시설이란 사실 깨끗한 숙소와 식당, 돈을 바꾸거나 인출할 만한 시설, 그리고 투어가 소개되어 있는 여행사면 족하다고 할 정도로 여행자를 위한다는 것은 그만큼 심플한 것이다.

인터넷에서 본 숙소 정보대로 몇 군데를 다니기도 하고 겉에서 대충 훑어보기도 했으나 마땅치 않아 보였다. 사거리에 있던 로열 빡쎄 호텔은 무뚝뚝하기 그지없는 여직원이 그냥 보기에도 유치한 수준의 색깔만 요란한 게임에 열중해 있는 탓에 주어진 열쇠 두 개로 내가 직접 보고 나오는 형편이었다. 가격은 차치하고, 묵게 될 경우 그녀에게 어떠한 정보도 얻을 수가 없을 것으로 판단되어 바로 발길을 옮겼다. 아쉬울 만큼 좋은 방도 물론 아니었다.

길 건너편으로 들어갔다. 이 도시에서 제일 알려진 써바이디 2 게스트하우스는 안팎으로 이미 유명세를 타고 있어 애초부터 리스트에 없었다.

비가 온 탓인지 다소 질척한 흙길을 건너다보니 폰싸완 게스트하우스가 보인다. 사거리의 을씨년스러워 보이는 폰싸완 호텔은 재작년 크리스마스쯤에 문을 닫은 것같이 심각하게 외관이 어두웠다.

폰싸완 게스트하우스. 우선 프런트에서 손님을 맞이하는 직원의 얼굴이 환하다. 한 친구는 태어날 때부터 눈매가 웃는 얼굴인 것처럼 항상 웃음을 띠고 있다. 얼핏 보면 정말 한국 사람같이 생겼다. 보여주는 방은 6만 낍2010년 9월 현재 1만 낍당 1,500원부터 10만 낍까지 있었지만 전망 좋은 3층의 에어컨 방 10만 낍짜리를 9만 낍으로 깎아 묵기로 했다. 라오스 첫 숙소부터 깎다니 유치하게 벌써부터 무언가를 해냈다는 생각이 든다. 나도 모르게 남자 직원에게 윙크를 날려버렸는데 다행히 그는 보지 못한 것 같았다.

방은 물론 침대며 시트도 모두 훌륭했다. 침대 하나가 남는 것이 조금 아까웠지만 당장 누구를 불러올 수도 없으니 그냥 넓게 쓰기로 했다. 이 정도의 가격과 시스템이라면 감히 라오스 입성 한 시간 만에 무척 훌륭한 숙소를 잡았다고 자찬할 만했다. 숙소라는 것은 적어도, 아니 사실 하루의 2분의 1 이상을 보내는 곳이어서 무엇보다 우선시하는 항목인데 아까 보았던 길가의 중국계 호텔은 무려 20만 낍이 넘었더랬다. "끝이 좋으면 모든 것이 좋다" 같은 맥락과는 조금 다르지만 숙소가 좋으면 난 모든 것에 일단 마음을 풀어버리는 경향이 있다.

짐을 거의 팽개치듯 던져놓고는 사거리의 식당 쪽으로 향했다. 길이 끝나는 지점에 때마침 가느다란 다리에 몸매의 실루엣이 두드러져 보이는 하얀 원피스를 입은 처자가 눈에 들어와 나도 모르게 방향이 갑자기 오른쪽으로 틀어졌다. 마침 그곳엔 환전소도 있어 핑계의 구색을 갖추기에는 최적의 조건이었다. 내 의지와는 상관없이 내 눈과 머리와 다리들이 벌써부터 손가락이 근엄하게 지시하는 그쪽으로 가고 있다.

"저 실례지만……."

남자다.

무어라 말할 수 없이 남자다.

눈썹이 아주 진한 남자.

턱수염이 거뭇한 남자.

목젖이 뾰쪽한 남자.

빗자루를 쥐고 있는 왼손이 다소 커 보이는 남자.

결국 완전 남자다.

하얀 원피스의 단정한 뒤태는 어디 가고 머리칼이 굵은 남자가 나를 쳐다보고 있었다. 그는 하필 나를 보며 너무 환하게 웃고 있었

다. 순식간에 신scene이 바뀌어버려 난 다음 대사를 놓치고 말았다.

 그가 이끄는 내부로 들어가니 다행히도 동네 부녀자들이 마작에 열중한 나머지 손님이 들어온 것도 모르고 있기에 얼른 뒤로 돌았다. 난 너무나 절도 있었다. 그는 아직도 나를 보고 웃고 있는 것 같았지만 이 대목에서 나까지 웃음의 박자를 맞출 수는 없어 그냥 조용히 고개를 숙이고는 길을 건너 사라졌다. 하지만 솔직히 그는 너

무 착하게 생겼었다. 겉모습을 보고 판단해버리는 나의 저열함이 없었다면 그는 확실히 내가 좋아할 만한 착한 얼굴의 친구였다.

라오스 입국 기념 첫 식사로는 어울리지 않게 인도 음식을 먹기로 했다. 식당 이름은 재스민. 사랑했던 여자의 이름이다.

좌정을 하고 버터 난과 치킨 커리를 시키고 보통의 속도로 식사를 마쳤다. 인도 음식에 무조건적으로 환호를 하는 타입은 아니니

대충 때운 셈이다. 프런트에서의 계산은 시킨 음식 값보다 세 배가 넘는 금액으로 돌아왔다. 착오였는지 의도된 계산이었는지 모르겠지만 애초부터 인도 사람들을 애정을 가지고 보는 쪽은 아니어서 은근히 쌀쌀맞게 인도식으로 인사를 하고 나왔다. 내가 애정을 가지고 있는 페루나 멕시코, 태국 사람들과는 정반대의 사람들이다.

몇 군데 환전소를 돌아 그나마 제일 환전율이 좋은 라오개발은행에서 300달러나 바꾸었다. 돈의 부피가 너무 커서 주머니 어디에다 넣어도 티가 났다. 마치 잘 접은 등산용 양말 두 켤레를 양쪽 주머니에 보란 듯이 넣은 것 같았다. 길에서 자랑을 하고 다닐 수는 없어서 서둘러 숙소로 돌아왔다.

방에 들어와서는 또다시 어제 우본 숙소에서 정리했던 나만의 짐 풀기 개인기를 선보인다. 등판 간격이 짧았지만 조금 있다가 다시 정리할 요량으로 우선 풀어놓기만 했다. 아직 라오스 이후의 행선지를 정확하게 정하진 않았지만 석 달의 여정을 위해 햇반에다 참치캔까지 가져온 것은 솔직히 스스로도 안쓰러웠다.

빡쎄는 센터에서 두 블록 정도만 뒤로 들어가도 황량한 도시의 냄새가 난다. 도시의 구획정리는 크게 이루어졌지만 사람 수는 생각보다 많지 않았다. 그러나 빡쎄는 내가 제일 좋아하는 넓고 사람 없는 도시인 데 비해 딱히 무언가 잡아끄는 것이 없었다. 그러한 느낌을 받는 것에 솔직히 하루 이상이 필요치는 않을 것 같다. 다시 산책을 나왔고 일부러 주변을 크게 돌아 빡쎄에서 가장 유명하다는 왓루앙 사원에 들어가 보았다. 전 라오스를 통틀어 가장 오래되었고 또 기거하고 있는 스님의 숫자도 가장 많다고 알려져 있는 사원이지만 역시 기대를 웃도는 수준은 아니었다. 경내에는 유달리 고양이가 많았다. 동물이 많다는 것처럼 캐릭터를 좋게 가지고 가는

상징도 없는 것 같다. 스님들은 빨래를 하고 오신 모양인지 아주 잘 익은 예쁜 감 같은 주황색 장삼을 담은 바구니를 들고들 계셨다. 스님들의 일상을 카메라에 담기는 어려웠다. 아니 싫었다. 조용한 사원 안에서 카메라 셔터가 눌리는 소리는 불협화음일 것이었고 무엇보다 타인의 삶에 일정한 시간을 가지고 양해 없이 들이닥치는 것은 실례라고 생각했다. 사진은 인간에의 부적절한 접근을 용인하는 아주 비겁한 도구여서 절대 정확한 눈이 될 수 없다, 인간에 대해서는. 후에 또 어떤 곳에서 어떤 여행을 할지 모르겠으나 꼭 사진 없는 여행을 하고 싶다.

 사원을 구경하는 데는 한 시간이 채 걸리지 않았다. 이후론 특별히 할 일이 없어 그냥 걸었다. 걷다 보면 자연스럽게 다시 센터와 만나게 된다. 길가의 주스가게에서 과일주스를 한 잔 마셔주고는 다시 일어섰다. 지나가는 사람이 많거나 거리의 풍경이 괜찮았다면 좀 더 오래 앉아 있었겠으나 불행하게도 이곳은 특별하지 않았다.

적어도 좋은 기억을 가지고 여행했으면 하는 바람이다.

시내가 크지 않은 관계로 생각지도 않게 써바이디 2 게스트하우스에 다다랐다. 밖에서 보이는 투어 광고가 있어서 안으로 들어가니 입구부터 남자 직원들이 무척 무기력하게 죽치고 앉아 TV를 보고 있다. 투어 상담을 응해주던 직원은 어딘지 모르게 백인의 제스처를 하고 있어 무척 부자연스러웠다. 게다가 아까 얼핏 보았던 폰싸완 숙소의 투어 금액보다도 개당 5달러 가까이나 비쌌기에 조용하게 다시 나와 숙소로 돌아왔다.

꽤 훌륭한 온수로 샤워를 마치고 조금 쉬었다.

점심을 조금 먹은 탓에 일찍 신호도 오고 해서 라오스에서 꼭 맛을 봐야만 한다는 신닷 까올리^{한국식} 바비큐집를 찾아가기로 했다. 찾아가는 길에서 만난 모든 사람이 이 집을 알고 있는 듯 모두들 무척이나 친절하게 가르쳐주었다. 어떤 가족은 한 블록이 끝나는 지점까지 나를 지켜보다가 뒤돌아보니 저 멀리서 더 가라며 크게 손짓을 해주었다. 바닷가에서 표류하고 있는 갈매기에게 집 잘 찾아가라며 신호를 보내주던 어느 선원들의 모습 같았다.

빡쎄에 사는 모든 사람이 매일 밤 끼니를 여기서 해결하는 듯 사람들로 빼곡하다. 삼겹살인 무쌈싼이 없다고 해 그들이 추천해준 포크 바비큐를 시켰다. 그리고 라오스를 여행했던 모든 사람이 칭찬에 극찬을 더하던 그 맥주, 라오비어도 한 병 시켰다.

무얼까, 이 맥주 맛은……. 상상외로 별로다. 특색도 없고 어떤 칼칼함도 없고 심지어 색깔도 꽤 흐리멍덩하다. 차라리 뭔가 매운 맛이라도 있었다면 무척이나 이국적이었겠지만 심심하기 그지없다. 얼음을 탔기 때문일지도 모르니 우선은 판단을 보류해야겠다. 얼음은 시키지도 않았는데 알아서 주고는 알아서 영수증에 올린다.

자, 시식을 해보자.

실로 푸짐한 채소가 달걀과 인스턴트 라면, 그리고 라오스의 쌀국수와 함께 서빙된다. 고기 양이 생각보다 적어 실망할 만한 수준이지만 3만 5천 낍의 가격이라면 나중에 고기를 따로 시켜주는 것이 맞는 것 같다. 이 신닷 까올리의 핵심은 고기에 대한 접근보다도 육수와 채소가 어우러지는 맛에 있는 것 같다. 속에도 부담 없고 맛도 아주 담백하다. 돼지고기 맛은 그럭저럭이어서 자칫하면 입맛만 일으키고 실속 없는 식사를 할 수도 있겠다는 생각도 든다. 함께 나온 마늘과 고추를 통째로 육수에 부었다. 고추는 순간적으로 매울 수 있으니 국물을 들이켠다든가 하는 것은 삼가야겠다.

신 나게 땀을 흘리며 먹다가 숯의 불이 너무 센 것 같아 직원에게 불을 빼달라는 시늉을 하니 불이 담긴 화로와 함께 불판까지 가져가 버리고는 아주 무소식이다. 불판 위에는 아직 충분한 양의 음식이 남아 있었는데……. 다시 그를 불러 어떻게 된 거냐고 물으니 이번엔 불판만 가지고 무엇을 어떻게 하라는 건지 다시 새로운 불판을 가지고 온다. 또다시 아까 먹던 불판 시늉을 하니 이번엔 메뉴판을 가지고 온다. 그러고는 다시 화로를……. 말이 통하지 않으니 방법이란 애초부터 없는 것이나 마찬가지였다. 라오스에 오기 전 "아까 가지고 갔던 불판에 음식이 남아 있었으니 아직 버리지 않았다면 다시 가져다주시겠어요?"라는 말까지 공부해 올 수는 없었다. 일어섰다. 주인에게 설명을 해보았지만 나만 더 구차해졌다. 주인이 보는 앞에서 종이에 불을 그리고 불판까지 그리려다가 그만두었다. 정말 질 낮은 대응이었고 수준 낮은 그림이었다. 내가 봐도 너무 한심한 짓거리였다. 초등학생이었다고 해도 뭔가 다른 방법을 찾아 목적을 관철시키고 말았을 것이다. 1년 이상을 사귄 여자친구가 옆에 있었다면 이후 그녀로부터 자비는 없을 것이었다.

후에 또 어떤 곳에서 어떤
여행을 할지 모르겠으나
꼭 사진 없는
여행을 하고 싶다.

양치질을 하다 만 것같이 심하게 허전했지만 그냥 어두운 밤길을 벗 삼아 걸어 돌아왔다. 라오비어 한 병을 채 비우지 못했지만 맥주에 약한 나는 벌써 취기가 돈다. 기분 좋은 귀가는 아니었던 것 같다.

숙소에서 직원들과 이런저런 말도 안 되는 잡담을 나누었다. 전

형적인 남방계의 얼굴을 지닌 '케오'는 현재 열심히 영어 공부 중이라 어느 정도 말이 통했지만, 완벽한 북방계의 모습을 가진 '씨'는 오늘이고 내일이고 아무런 생각이 없는 것 같다. 케오는 확실히 앞으로의 인생 계획을 가지고 있었기에 자신의 월급 중 거의 반 정도 되는 돈을 기꺼이 호주인 영어 선생에게 할애하며 영어를 배우고 있었다. 아주 바람직하고 건실한 청년임에는 틀림없으나 그 나이 때는 사실 이런저런 경험을 해보는 것이 더 좋을 수도 있을 것이다. 청춘 시절에는 지독한 사랑의 실패를 주고 또 받는 것과 무작정 여행을 떠나는 것이 인생을 끌고 가는 데 있어 많은 도움을 준다고 생각한다. 케오에게 영어가 주는 의미가 남다르다면 할 수 없지만 난 개인적으로 그런 타입을 응원하는 편은 아니다.

서로 말이 통하지 않을 경우 쓸데없는 대화는 20분이 한계. 더 이상은 끌고 나갈 소재가 없다. 난 슬슬 어색하게 눈 옆을 멍청하게 쳐다보는 불필요한 대화의 마지막 단계를 거쳐 먼저 자리를 파했다.

해를 정통으로 받는 3층이라 저녁이 훨씬 넘은 시간임에도 방에는 열기가 남아 있다. 데워진 방을 식히고자 시원하게 에어컨을 틀어놓고 다시 프런트로 내려가 지도를 보며 내일 일정을 연구해보았다. 빡쎄 주위로는 고대 크메르 유적인 '왓푸'가 있는 참빠삭이라는 마을과 메콩 강 주위로 떠 있는 4천여 개의 섬과 특이하게 강에 민물고래가 서식한다는 씨판돈, 그리고 라오스 커피로 유명하다는 아따푸 지역으로 가는 길의 볼라벤 고원의 투어가 두 시간에서 네 시간 거리에 있었다. 라오스의 커피를 체험해볼 수 있다는 볼라벤은 개인적으로 커피 비섭취자로서 일찌감치 제외, 씨판돈은 라오스에서 캄보디아로 넘어가는 많은 배낭여행자들이 꼭 거쳐 가는 마을이라는 수식어가 있어 볼라벤 고원보다도 더 구미가 당기지 않았다.

Pakse

유적이라면 우선 덮어놓고 다니는 입장이라 참빠삭으로 결정했다. 빡쎄에서는 결국 하룻밤만 머물고 떠나는 셈인데 참빠삭에서 돌아와 다시 결정을 해야겠다.

 방으로 올라와 불을 껐다. 조용하다. 늘 어디선가 들리던 개 짖는 소리도 거의 들리지 않는다.
 빡쎄에 대해 특별한 단상은 없다. 기록적인 수치가 아니더라도 꽤 더웠다면 기본적으로 날씨에 대한 생각이 미치게 마련이지만 오늘은 특별하게 덥지도 않은 날이라고 한다.
 아직은 라오스의 첫날 밤이라는 실감도 안 난다. 라오스에서 대단한 선물을 바라는 것은 아니지만 적어도 좋은 기억을 가지고 여행했으면 하는 바람이다.
 비어 있는 침대에 누군가 있다면 정말 손만 가만히 잡고 자고 싶을 정도로 한 손이 아쉽다. 내 손을 맞잡을 수는 없었다. 그것은 다시는 경험해보지 못할 정도로 쓸쓸할 것 같았다.

늦게 와서 미안해, 라오스

Champasak
참빠삭

빗속의 왓푸

왓푸의 핵심이라는 여러 조각과 부조들을 보기 위해선 가파르게 구성되어 있는 계단을 올라가야 했지만 계단으로 올라가는, 아니 그 계단으로 진입하기까지의 길은 이미 건너가기가 불가능할 정도로 빗물에 잠겨 있어 앞으로 나아갈 수가 없었다. 앞서 간 미국인 할아버지는 발이 진흙탕에 빠져 어찌할 줄을 모르고 있었다.

    7시. 낯선 곳으로 떠나는 이의 기상 시간으로는 조금 늦은 편이지만 아침부터 기분이, 다 큰 성인한테는 어울리지 않는 표현이지만 꽤 '발랄'해졌다. 라오스에서 드디어 첫 여행을 시작하는 느낌마저 든 것도 사실이다.

    서둘러 참빠삭까지 하루 치의 짐을 꾸리고 나머지 짐들은 케오에게 맡아달라고 했다. 믿지 않으면 다른 방법은 애초부터 없는 것이다. 케오뿐만 아니라 씨도 무척 믿을 만한 친구다. 그들은 짐 안에 돈이나 귀중품 같은 것은 가지고 가라고 했지만 두고 가는 편이 훨씬 낫다. 일이 생기려면 어디서든 생기기 마련이니까.

    빡쎄에서 두 시간 정도 남쪽으로 내려가면 참빠삭이란 마을이 있고 그곳에는 라오스 최대의 크메르 유적인 '왓푸'가 있다고 했다. 가지 않을 이유가 없었다. 유적이란 현재 그들의 삶을 보는 것과 동시에 과거의 역사를 따라가 보는 또 다른 형태의 여행이라서 항상 유적 투어를 가장 우선시하는 편이다. 유적 투어는 벽에 걸린 액자 속의 그림 같은 이른바 '액자여행'이라고 할 수 있다.

    참빠삭으로 가는 버스가 있는 터미널에 내려 썽태우를 탔다. 조금 기다렸지만 나름 아침의 분주한 터미널이라 구경거리는 어디든 넘쳐났다. 쓸데없이 들뜬 여행자는 일상적인 삶을 살고 있는 사람들에게 민폐만 끼치게 마련이어서 조금 가라앉히고 썽태우 뒷자리에 각을 잡고 앉아 있기로 했다. 확실히 기분이 아직도 좋았다.

어디서든 조용조용한, 혹은 표정에 감정을 드러내지 않는 라오인들이들은 라오스라고 하지 않는다. 라오인, 라오비어, 라오음식 등으로 일반화되어 있다과 같이 두 시간을 달려 참빠삭으로 가고 있다. 중간에 메콩 강을 건너기 위해 잠시 차를 배에다 싣고 도강하는 작업이 있었고, 차를 타기 전 터미널에서 국수를 먹었으면서도 배 위에서 파는 국수를 또 먹었다. 모두들 후루룩거리며 맛있게 먹는 광경으로부터 도망을 갈 곳은 없었다. 특이하게 생선을 갈아 만든 국물을 면 위에다 채소와 함께 얹어주는 국수였는데 다 먹고 그릇을 반납하니 강물에다 슥 헹구고는 끝. 뭍에서 한 번 더 씻는지는 모르겠다.

강을 건너고 엉덩이에 썽태우의 불규칙한 쿠션감이 느껴질 때 참

Champasak

빠삭에 도착했다. 화창한 날씨는 빡쎄에서부터 계속되어 낯선 도시에서 어쩔 수 없이 느껴지는 아주 작은 어색함조차 전혀 없었다. 웅파솟이라는 게스트하우스 앞에 세워주었는데 정말 돈을 받고 묵으라고 해도 절대 들어가고 싶지 않은 숙소의 자태. 분명 그곳에서 쥐와 마주칠 확률은 90퍼센트가 넘을 것이다. 10퍼센트는커녕 단 1퍼센트의 흔적이나 의심이 들면 난 해당 도시 여행 전체를 포기할 정도로 쥐가 싫다. 쥐를 극도로 싫어하는 습성은 3대에 걸친 유전이니 내가 뭐 어찌할 도리가 있는 것도 아니다.

입구로 들어올 때 옆으로 지나가던 숙소의 외관이 괜찮았던 것으로 기억해 그쪽으로 발을 옮겼다. 200여 미터 가까이 걸어 내려갔지만 발품을 조금이라도 판 덕에 꽤 으리으리한 씨암폰 호텔이라는 곳을 찾아낼 수 있었다. 그곳의 뒷방을 6만 낍에 묵기로 했다. 팬, 온수, 그리고 더블침대. 앞쪽에 위치한 방들은 에어컨 방이었고 가격도 호텔인 만큼 팬룸보다 두 배 가까이 비쌌다. 팬룸은 잠을 자는데 아무 문제가 없고 깨끗했다. 좋은 숙소를 고르기 위해서라면 하루 중 일정 시간은 얼마든지 투자할 수 있다고 본다.

우선 열 일 제쳐놓고 왓푸부터 가보기로 했다. 작은 마을이라 버스 같은 시스템은 아예 없고 썽태우를 타고 가야 하는데 내가 조금 전 타고 왔던 그 차는 당연히 이미 지나갔고 뒤이어 오는 차의 기약은 없어 보였다. 뚝뚝 오토바이와 자동차를 섞어놓은 듯한 삼륜차를 대절하면 8만 낍. 약간의 흥정이 가능할 테지만 왠지 처음부터 8만이라는 숫자는 거부감이 들었다. 주인은 자전거를 빌려 가보라며 만 낍에 앞쪽에 시장바구니가 붙어 있는 아줌마 자전거를 하나 건네주었다.

자전거라……. 난 자전거를 탈 줄 모른다. 초등학교 2학년 무렵에 자전거를 타보려고 허둥거리다가 굴욕스럽게 넘어진 후로 자전거 기피증이 생겼고, 이후 자전거의 눈부신 발전을 뒤로한 채 내 다리의 기장은 처절하게 답보 상태로 세월을 지나왔다. 다시 자전거의 안장에 올라본 지가 어느덧 33년이다.

몰랐는데 자전거 안장의 높이를 조절할 수 있나 보다. 내가 생각했던 높디높은 자전거는 생각보다 확 쪼그라들어 실로 만만해 보일

Champasak

정도로 초라하게 작아졌다. 33년 만에 올라선 나는 두어 번 발을 헛돌린 다음에 스스로 자전거를 움직여 나갔다. 잠깐이었지만 나에겐 일종의 도전이었고 의미 있는 항해였다. 푸른 바다는 곧 내 것인 것 같았다. 난 지평선과 수평선까지 달려가고 말 것이었다.

주인은 나에게 8킬로미터를 가면 왓푸와 만날 수 있다고 했다. 8킬로미터가 주는 거리감을 얼른 인식하지 못해서 그냥 냅다 숙소를 벗어났다.

아! 자전거를 타고 달리는 기분이 이런 것이었구나!

날씨는 화창했다. 200여 미터만 진출하면 마을을 벗어나고 바로 들녘이다. 초록의 논밭과 하얀 뭉게구름들, 그리고 어디선가 스치는 꽃향기……. 충분히 어떤 동요를 떠올릴 수 있었겠지만 난 동요도 구슬픈 단조풍의 동요밖에 모르는지 "멀리서 반짝이는 별님과 같이 의좋게 사귀고서 놀아봤으면……" 하고 아쉬운 대로 모든 음악을 통틀어 대한민국 최고의 구슬픈 음악이라고 생각하는 〈별 보

며 달 보며〉를 부르며 왓푸로 향했다.

지금 가고 있는 이 길 양옆으로 해바라기밭이 펼쳐진다면 얼마나 행복하고 감사할까…… 하는 생각은 10분이 지나자마자 금세 사라졌다.

평상시에는 전혀 움직임이 없던, 어두운 곳의 버려졌던 살들에 분당 60회씩의 마찰이 일어나고 있다. 그곳의 살은 또 원래 연하고 잘 노출되지 않던 고고한 곳의 살들이 아니더냐. 얼마나 달려왔는지 모르겠지만 확실히 무리가 있다. 그저 엉덩이를 조금씩 옆으로 움직여주면서 마찰을 최소화하는 방법밖에는 없었지만 조금이라도 균형을 잃어버리면 자전거는 과거 33년 전으로 돌아가곤 했다.

처음 타는 거나 마찬가지이다 보니 아무래도 다리에 힘이 든다. 중간 중간 서너 번 정도를 쉬었다가 드디어 한 시간이 넘어 '왓푸'라고 쓰인 간판이 보이는 입구에 다다랐다. 결코 짧은 거리가 아니었는데 이곳에서부터 매표소까지 다시 1킬로미터를 더 들어가야 한단다.

그리고……, 비가 내린다. 사방이 온통 까매졌다. 저 멀리 산에서부터 밀고 내려오는 구름들의 정세를 보았을 때 앞으로 비는 이쪽으로 방향을 틀어 세차게 전진해올 것이다. 그리고 입구에 다다랐을 때 비는 정말 일직선으로 내리고 있었다. 들판에서 이 비를 만났다면 난 영락없이 다 뒤집어썼을 것이다.

입장료인 3만 낍을 내고 비를 피할 겸 우선 입구 왼편에 있는 전시실로 가서 유물들을 감상했다. 이곳도 사진을 못 찍게 되어 있는데, 박물관 유물에 대한 사진 촬영이 어째서 금지되어 있는지 내 짧고 부족한 상식으로는 도무지 그 이유를 모르겠다. 플래시가 터지면 유물의 표면에 손상이라도 가는 걸까.

비는 세차게 내리는 듯했지만 왓푸 주위의 분위기 탓인지 어딘가 차분함도 느껴졌다. 이해관계가 없는 상태에서 바라보는 비는 문학작품을 보는 것과 같이 아름답고 기품이 있었지만 3만 낍이나 입장료를 내고 들어온 나는 온통 왓푸를 보고 싶은 마음뿐이었다. 비는 방해만 됐다.

비는 후에도 계속해서 내렸다. 저수지에 있는 검표소에서 자전거를 다시 대고 안으로 들어가 또 기다렸다. 이런 빗속에 사람들이 올 리가 없어 왓푸로 진입하는 길에는 정말이지 정적 말고는 아무것도 없었다. 검표소의 직원도 나에게 어디서 왔느냐는 물음 이외에는 아무 말도 이어가지 않아 우린 그저 비를 바라볼 뿐 묵묵히 있었다. 비는 계속해서 한 시간 가까이 내렸고 드디어 잠시 후 비가 약해진 틈을 타 왓푸로 뛰어가기로 했다. 결과적으로 비가 퍼붓지 않은 시간은 고작 30분이었다. 서둘러 왓푸의 주 건물이 있는 곳으로 이동한 후 왓푸를 영접했다.

'산에 있는 절'이라는 뜻의 왓푸는 참빠삭에서 남쪽으로 10여 킬로미터 떨어진 푸카산의 중턱에 위엄 있게 자리하고 있었다. 라오스의 남부, 그러니까 과거 캄보디아 땅의 크메르족 북부 사원으로서 5세기경에 건축되었다고 하며, 원래는 목조 양식으로 제작되었다가 화재 이후 석조 양식으로 재탄생되었다고 한다. 동남아시아에서 발현한 문명들이 대부분 인도로부터 유입된 것처럼 기본적으로 힌두교의 영향을 받은 유적과 석상이 대세였으나 15세기 불교의 전파로 힌두문화와 불교문화가 섞인 형태로 보존되고 있다고 한다.

비가 다시 쏟아졌다. 4월부터 10월까지 1년 중 반이 우기인 라오스의 9월 초이다 보니 한창 막바지의 기세를 보이고 있었다. 천둥

비가 내린다.
사방이 온통 까매졌다.

이나 심한 바람, 또는 번개를 동반하지도 않고 기본에 충실한 비만 내린다. 왓푸의 핵심이라는 여러 조각과 부조들을 보기 위해선 가파르게 구성되어 있는 계단을 올라가야 했지만 계단으로 올라가는, 아니 그 계단으로 진입하기까지의 길은 이미 건너가기가 불가능할 정도로 빗물에 잠겨 있어 앞으로 나아갈 수가 없었다. 앞서 간 미국

인 할아버지는 발이 진흙탕에 빠져 어찌할 줄을 모르고 있었다. 하얀 헝겊 인형 같았다.

 아쉽지만 왓푸의 알현은 계단 밑까지만 허락되는 날인가 보다. 자연이 허락하지 않으면 그대로 지나치는 수밖에 없다. 그것은 본인의 의지나 현실 속에서의 열정과는 완전히 다른 문제다. 왓푸의

이해관계가 없는 상태에서 바라보는 비는 문학작품을 보는 것과 같이 아름답고 기품이 있다.

　기운만 느끼고 돌아섰지만 압도적인 왓푸의 현장감은 충분히 마음에 담았다고 생각한다.
　왓푸를 보고 검표소까지 돌아오는 길도 그동안 더해진 비 때문에 가히 엉망진창이다. 신발 깔창 밑에 고이 간직해둔 절대 비밀의 비상금이 심히 걱정되는 순간이었다.
　검표소를 지나고 다시 매표소로 나와 페달을 밟아 참빠삭 시내로 돌아가기로 했다. 생각보다 먼 거리다. 중간에 커다란 나무 사이로 모셔져 있는 부처상을 만나게 되면 참빠삭 시내 기준으로 반 정도 남았다고 보면 될 것이다. 뒤쪽, 아니 아래쪽 주요 부위의 마찰은 비가 내린 후라 습기를 머금어 더욱 생동감 있게 비벼댔다. 그리고 줄기차게 비벼대던 것과는 상관없이 안전하게 귀가. 결국 난 홀

름하게 왕복 16킬로미터를 완주해냈다. 어릴 적 거대하게 다가오던 자전거의 공포를 이겨내고 난 이제 스스로 '자전거'라는 세상 밖으로 나갈 수 있게 되었다. 정말 대견하기 이를 데 없는 자전거 공포 극복 겸 왓푸 둘러보기 이벤트였다.

 땀과 빗물로 범벅이 된 몸을 씻고 자리에 잠시 누웠다가 놀랍게도 20분만 자고 일어났다. 오늘 여정이라면 불가능한 낮잠 시간이었지만 아주 훌륭한 조각잠을 잤다.

 깨끗하게 옷을 갈아입고 나오니 비는 이미 멈췄고 말끔하게 지나간 후라 공기가 무척 맑다. 16킬로미터를 달리고 난 뒤여서 그런지 까닭 없는 자신감도 넘쳤다. 난 이럴 때 걸음걸이가 쓸데없이 우쭐해진다. 내가 싫어하는 부분이지만 어쨌거나 나의 모습이다.

 이 참빠삭 시내에 별다른 식당이라고는 없어 응파솟 게스트하우스에서 열 집 건너쯤에 있는 레스토랑에 들러 태국 음식인 팟타이를 시켰다. 만 낍인 팟타이의 양은 경이적이게도 많고 또 맛도 담백했다. 새우를 씹을 때 대가리가 입천장을 찔러 다소 고전했지만 그 이후로는 그만큼 거칠게 씹어 넘겼다.

 식사를 마치고는 산책을 했다. 메인 도로에서 한 블록만 뒤로 돌아가면 완연한 시골의 정경이 펼쳐진다. 아직 닦이지 않은 흙길에 아이들이 뛰어놀고 소들은 각자의 삶을 살듯이 풀을 뜯어 먹고 개들은 항상 그렇듯 어디론가 의미 없이 계속해서 뛰어다닌다. 아이들의 웃음소리와 석양의 실루엣은 저녁의 윤곽을 잡아주기에 너무나 친절했다. 사랑스러운 시간이었다. 가능하다면 이 시간을 가만히 주머니에 넣어두고 싶었다.

 숙소로 돌아와 책을 읽고 또 글을 쓰며 나머지 저녁 시간을 소일했다. 넓게 조성된 프런트 앞의 마당은 마침 나 이외에는 다른 투숙객이 없는 듯 모두 내 차지였다. 아무 데나 자리를 잡고 있으니 앞으로 보이는 모든 한적한 공간이 전부 나의 마당이고 저 멀리 보이는 고압선 철탑도 여유로워 보인다. 숨을 크게 내쉬었다. 약간의 개인적인 한숨이 섞여 나왔다. 어째서 이런 평화로운 정경에 난 마음을 놓지 못하고 가라앉고 마는 걸까…….

숙소의 직원들에게 이것저것 참견도 하고 담배도 나누어 피다가 저녁을 안 먹고 그냥 밤까지 지내기에는 다소 무리일 것 같아 아까 그 식당으로 가서 라오스 샌드위치를 시켰다. 어디선가 스페인 말이 들린다. 귀를 기울여보니 한 커플이 분명 스페인어로 얘기를 하고 있다.

마드리드에서 왔다는 30대 초반의 후안과 아나. 레알보다는 아틀레티코를 조금 더 응원하지만 솔직히 축구는 좋아하지 않는다는 아주 좋아 보이던 커플. 결혼은 하지 않고 그냥 살고 있다고 한다. 이미 한 번쯤은 권태기를 지난 듯한 눈빛들이다. 하지만 아직 서로를 사랑하고 있다는 것. 가끔은 지루할 때도 있지만 결국 난 너만을 사랑한다고 말하고 있는 듯한, 바로 내가 원하는 사랑을 하고 있는 그들이다.

몇 가지의 화제로 이야기를 나누고 술도 몇 병이 더 추가되었다. 그들은 〈올드 보이〉와 김기덕 감독의 영화들이 만들어진 나라이니만큼 꼭 한국에 가볼 것이라고 말했다. 나도 고작 페드로 알모도바르나 하비에르 바르뎀 말고는 아는 바가 없어 대화를 길게 이어가지는 못했다. 예전 유럽 여행을 할 때 일부러 스페인을 여정에서 뺐었다고, 스페인 여행을 독일이나 프랑스 여행과 같은 의미로 두기는 싫었다고, 나 역시 언젠가 이베리아 반도와 지중해, 그리고 안달루시아가 지니는 이국적인 풍경을 느껴보고 싶다고 얘기했다. 특이하게 '미Mi'라는 성을 가지고 있던 후안은 명함을 주며 스페인에 오면 꼭 연락을 달라고 얘기했다. 차분하고 사리 판단이 분명해 보이던 아나 역시 옆에서 거들었다.

맥주 몇 병 정도는 살 수 있겠다 싶어 먼저 자리에서 일어나니 제발 자기네들이 계산하게 해달라며 통사정을 한다. 어찌나 계산을 하겠다고 안달하던지 식당 직원이 와서 무슨 일인가 기웃거릴 정도였다. 술을 얻어먹었지만 대한민국 대표로서 공짜 술은 먹을 수 없었기에 나도 식당에서 파는 과일로 화답했다. 과일 값은 그러나 맥주 값보다 비쌌다.

돌아가는 방향도 같아 좀 더 이야기를 나누고 길이 갈라지는 지점에서 악수를 하고 헤어졌다. 아까 주문했던 샌드위치는 밤거리를 의무적으로 배회할 개들을 위해 길거리에 조금씩 떼어주며 돌아왔다.

다시 한 차례 샤워를 마치고 나니 이제 피곤함이 몰려온다. 그 사이 바뀐 남자 직원에게 내일 아침 일찍 빡쎄로 돌아갈 예정이니 새벽 6시에는 꼭 깨워달라는 몸짓과 발짓을 하고 불을 끄고 누웠다.

어디선가 벌써부터 닭들이 울어젖힌다. 정말 감각이라곤 제로에 가까워 보이는 참빠삭의 밤 소음이다.

도대체 왜 깨우지 않는 걸까? 어째서 약속이라곤 지켜지지 않는 걸까? 어제 분명히 6시에 깨워달라고 손가락으로 '6'을 표시하고 시계를 번갈아 가리키고 버스가 떠나는 시늉을 하며 "빡쎄, 빡쎄"라고 내 방문을 두드리는 흉내를 내었건만, 그리고 그들도 단 세 번만에 알아들었다는 듯이 문을 두드리는 흉내를 내주었건만, 왜, 어째서……

눈을 뜨자마자 로비로 나와 시계를 보니 6시 45분. 그들은 아침부터 나오는 관계없는 TV를 보고 있다. 빡쎄로 가는 썽태우는 7시 반에 이곳을 지나가고 이후로는 불규칙하게 지나간다는 얘기는 당신들이 어제 몸짓으로 설명해주었잖아…….

부랴부랴 짐을 정리하고 어제 빨래해두었던 마르지 않은 옷가지들을 정리해서 얼른 숙소를 나와 버스가 지나가는 어제의 그 자리로 바쁜 걸음을 옮겼다. 중간에 아이를 안은 여인네가 짐을 가지고 있기에 딱 두 단어를 던졌다. "빡쎄? 썽태우?" 그리고 누가 봐도 '이곳'이라는 것 이외에는 달리 설명할 수 없는, 집게손가락으로 땅을 가리키는 동작까지. 그런데 그녀는 오히려 반대편을 가리키며 뜻밖에 "왓푸"라고 말했다. 그녀를 100여 미터 지나치자마자 멀리서 반가운 썽태우가 달려오고 있다. 정말 타이밍 한번 끝내준다. 시간은 7시 정각. 어제 그들이 말해준 7시 반도 아니었다. 조금만 굼떴어도 기약 없는 기다림을 할 뻔했다. 그리고 타자마자 조금 지나서 그녀도 아이를 안고 탄다. 도대체 아까 말한 반대편의 '왓푸'는 무엇을 말하려고 했던 것일까? 어제 자전거를 타고 왕복하는 동안 그 구간을 지나간 썽태우는 없었다.

좋다. 일단 가도록 한다. 참빠삭으로 들어올 때 배를 타고 강을 건넜던 것과는 달리 나가는 길은 한참을 비포장 길을 달리다가 강을 가로지르는 현대식 다리를 건너 나온다. 이것도 알 수 없다. 만약에 배를 타고 강을 건넜던 어제의 행위가 그쪽에서 오랫동안 터를 잡고 살아가는 사람들의 상권을 보호해주기 위한 것이었다면 라오스는 진정 합리적인 나라일 것이다.

배를 타는 시간이 줄어서인지 돌아오는 길은 한 시간이 조금 넘게 걸렸다. 우본에서 넘어올 때, 참빠삭으로 나갈 때, 그리고 참빠삭에서 들어올 때 모두 버스터미널이 다르다. 가장 번잡하고 정신

없는 터미널에 내렸다.

경쟁하듯 다가오는 뚝뚝의 기사들을 피해 일단 터미널 밖으로 나와서 되는대로 걸어보았으나 어느 방향으로 가야 하는지도 모르겠고 왜 다 와서 혼자 방황하고 있는지도 모르겠어서 다시 터미널로 들어가는 미련한 걸음을 했다. 다행히 터미널 앞에서 뚝뚝을 타고 빡쎄 시내로 무리 없이 들어섰다.

전날 저녁부터 맥주 몇 잔으로만 식사를 때운 터라 무척 허기가 졌다. 지나가다 대로에 있는 랑캄 호텔의 식당에서 사람들이 식사를 하는 광경을 보고 자연스럽게 그쪽으로 들어가 쌀국수 큰 사이즈를 시켰다. 비 오는 아침의 메뉴로는 아주 참했고 양도 큰 사이즈인 만큼 훌륭했다.

식당 앞에 있던 뚝뚝 기사가 어디 가냐고 흥정을 해 와 싸완나켓으로 넘어가는 버스터미널로 갈 것이라고 했더니 1만 7천 낍을 부른다. 나쁘지 않은 것 같아 우선 짐을 찾으러 숙소에 들러야 한다고 했더니 같이 가자고 한다. 아침부터 조금씩 내리던 비를 맞고 싶지 않

아 그렇게 하자고 했는데 타자마자 20미터 앞에서 퍽. 고장이 났다. 이런.

　나는 내려 기사에게 차를 고친 뒤 50여 미터 앞에 있는 숙소로 오라고 하고 폰싸완 게스트하우스로 들어왔다. 케오와 씨가 있는 숙소는 여전히 침착하고 반갑다.

　그들과 격하게 인사를 나누고 맡겨둔 짐을 찾으니 뚝뚝은 벌써 다른 사람으로 바뀌어 왔고 난 이제 터미널로 향할 수 있었다. 비는 언제부턴지 강도가 세져 있었다.

　이번에도 터미널은 완전 다른 곳. 그렇다면 이 빡쎄에는 적어도 무려 네 곳의 각기 다른 터미널이 있다는 얘기다. 혹시 내가 빡쎄의 크기를 모르고 하루만 있다가 가는 것은 아닌지 순간 궁금하고 또 아쉬움도 스친다. 새롭게 교체된 뚝뚝 기사는 어제 참빠삭행 버스가 있는 터미널로 갈 때보다 분명 짧은 거리이건만 아까와는 달리 2만 낍을 부른다. 그러면서 하는 말이 역시 "에잇eight 킬로미터". 이쯤 되면 너무나 수상하다. 어제 터미널을 갈 때도 기사는 '에잇 킬로미터'라며 2만 낍을 요구했고 왓푸를 갈 때도 숙소의 주인은 '에잇 킬로미터'라며 멀다고 얘기했었다. 지금 온 거리도 '에잇', 모든 거리가 하나의 단어로 통일된 듯하다. 결국 그 거리는 에잇 킬로미터가 당연히 아니었다.

　3만 5천 낍으로 표를 끊고 정확히 버스는 9시 반에 출발, 빡쎄를 벗어났다. 비는 거세게 창을 때리며 한참 동안 따라붙어, 가능한 한 빨리 이곳을 벗어나라는 어떤 마지막 메시지를 주는 것처럼 보였다.

늦게 와서 미안해,
라오스

Savannakhet
싸완나켓

우리들의 아름다운 집

남부 라오스 버스의 특징은 우선 출발하자마자
이상할 정도로 웜업을 한다는 것이다.
그러니까 시속 10킬로미터로 한참을 가다가
차차 속도를 높이는 시스템인데,
아무래도 제때 타지 못한 승객을 기다려주려는 것 같다.
월요일 아침이라서 그런지 버스 안도 승객이
열 명 남짓, 무척이나 한산하다.

싸완나켓까지는 네 시간 정도가 걸렸다.

'우리들의 파라다이스 빌라'라는 뜻의 싸완나켓은 현재 남부 라오스의 상권을 쥐고 있는 빡쎄가 추월을 해오고 있는 입장이지만 공식적으로는 라오스 제2의 도시로서 무려 1642년에 건설되었다고 한다. 전 라오스에 걸쳐 추앙받는 라오스 공산당의 창시자이자 전 대통령인 카이손 폼비한의 출생지이며, 재래시장에서 열 갑에 2만 낍이라는 사상 최저 가격의 담배인 홍화Honghua가 만들어지는 곳이기도 하다.

터미널에 내려 뚝뚝을 타고 몇 군데의 숙소를 전전했지만 마음에 드는 숙소가 없다. 기사가 추천해준 리나라는 숙소는 메인 도로에서 200여 미터나 안쪽으로 들어가야 했는데, 가격을 물어보자 4만 낍이라는 최적의 대답이 들려왔다. 팬룸이지만 방도 충분히 불만 없는 수준. 일단 묵기로 했다. 라오스보다는 중국계의 인상을 지닌 리나라는 젊은 여주인은, 물론 그들의 부모가 주인이겠지만 거의 이 게스트하우스의 살림을 도맡아서 하고 있는 듯했다.

너무나 작은 명함 크기의 지도를 한 장 받아 들고 메인 도로로 나가보았지만 딱히 제2의 도시라고까지 하기에는 규모가 그리 커 보이지 않는다. 터미널에서 들어오는 길에 보았던 많은 상점들과 건물들을 합쳐도 강원도 영월 정도의 크기인 것 같다.

싸완나켓에서의 첫날은 남부 라오스의 빡쎄와 참빠삭이 그랬던 것처럼 무난했다. 그저 너무나 반가운 족발 덮밥을 먹고 조금 걷다가 갑자기 찾아온 신호에 숙소로 돌아가 일을 치르고 다시 나와 또 거리를 걷는 수준. 프랑스의 지배를 받았던 1893~1953 도시답게 특이하게 '성 테레사 Saint Teresa'라는 가톨릭 성당이 있었지만 그저 형식적인 건물이라는 느낌밖에는 받을 수 없었고 시내에 몰려 있는 중국식 사원과 베트남식 사원, 그리고 라오스 사원의 방문은 하루 일정을 잡아 한꺼번에 둘러볼 작정이었다. 몇 해 전 싸완나켓에 카지노가 건설되어 베트남과 태국에서 많은 사람이 오가고 있다지만 카지노를 원래 좋아하지도 않고 그런 쪽에는 이를테면 '수덕'이 없는 편이어서 그 분야와는 스스로 멀다고 생각하고 있다.

서쪽으로 500여 미터를 걷다 보면 메콩 강이 나타난다. 강이란 폭포나 바다같이 물의 흐름에 따른 소리가 그들의 존재를 설명해주지 않기에, 그저 흘러가는 물을 보아야지만이 강에 왔음을 알 수 있다. 그렇게 메콩은 천천히 흐르고 있었다. 강 건너 태국의 도시인 묵다한이 보인다. 싸완나켓과는 비교가 안 될 정도로 깔끔해 보이는 건물이며 공항 관제탑들이 진을 치고 있다. 이곳에서 태국으로 바로 건널 수 있는지 이민국 건물이 바로 있고 그 아래로 배들도 정박해 있다. 저녁 시간이라 이민국 건물의 직원들은 모두 퇴근해서 아무런 제지도 없고 통제도 없는 듯 그냥 문이 활짝 열려 있다. 마침 강을 향해 벤치가 있어 한참을 앉아 있었다.

묵다한이 보이는 메콩을 넘어가는 석양을 보고 싶었지만 30분 정도를 남기고 왠지 돌아서기로 했다. 라오스에서 정말 보고 싶었던 일몰을 처음으로 마주하기에는 어딘지 카드가 아까웠다. 함석으로 만들어진 천장을 뛰어다니는, 아마 쥐들이었을 어떤 존재의 분주함도 기대를 낮추기에 모자라지 않았고 무엇보다 일몰을 대하는 나의 자세가 갖추어지지 않은 탓이었다. 세상의 모든 사람은 사랑하는 사람과 재회할 때 최대한의 마음의 준비를 하는 법. 그것이 내가 가지고 있는 일몰에 대한, 석양에 대한, 그리고 그 노을에 대한, 같은 부류의 말들이지만 선셋에 대한 나의 모든 마음이다.

저녁은 길거리에서 파는 카놈쯤이라는 찹쌀빵과 깔라 빠오라는 만두 한 개씩으로 때웠다. 이상하게 배가 고프지 않았고 여행 초기에 살을 조금 빼놓으면 그대로 가는 타입이라 아무래도 그쪽에 신경을 쓴 것도 사실이었다. 카놈쯤은 정말이지 너무나 맛있었다. 기름이 조금만 빠진다면 당분간 라오스에서는 거의 최고로 기억될 음식일 것 같다.

숙소로 돌아와 차를 한 잔 시켜놓고 리셉션 앞에 있는 테이블에서 하루를 기록했다. 낮에 본 4만 낍짜리 방과 밤에 낮은 촉수의 형광등 아래 보는 방의 모습은 확연히 달랐다. 테이블 밑으로 끊임없이 모기들이 달라붙었지만 현재의 라오스의 위치와 국력을 대변하듯 어딘지 물렸다는 느낌이 들지는 않았다. 시늉만 하다가 끝나버린 그런 느낌. 숙소의 모든 여직원은 일제히 TV 앞에 집결, 남자들은 분명 어디서든 라오비어를 마시고 있을 것이다. 옆의 창문을 열어두면 살풋한 바람은 최소한도로 방 안으로 들어왔.

그나저나 잠이 너무 안 온다. 커피를 마신 것도, 낮잠을 잔 것도 아닌데 잠을 너무 뒤척였다. 물을 한 잔 마시고 프런트로 나가 시계를 보니 이미 1시가 넘었다. 무려 두 시간을 뒤척인 것 같다. 게다

가 1층에 위치한 내 방은 차들이 숙소로 들어올 때마다 자동차의 빛과 소음이 그대로 진입해버려 잠깐 잠이 들었다가도 이내 깨버리기 일쑤였다.

빡쎄와 참빠삭을 거치는 동안 생각보다 라오스를 느끼지 못했으니 내일은 이 싸완나켓에 더 머무르며 일부러라도 애정을 끌어올려 볼 생각이다. 너무 빨리 도시들을 거쳐 가면 나중에 엄한 동네에서 라오스의 마지막 날을 보내게 될 것이다.

새벽에는 선선한 바람이 불어주어 그런대로 눈을 붙일 수는 있었는데 밤새도록 차들이 들어왔다 나갔다를 반복한 탓에 결국 제대로 된 잠을 잔 것 같지는 않다. 얼른 숙소를 바꾸어야겠다는 일념으로 아침 산책은 다른 숙소를 찾으러 다니는 것을 목표로 했다.

Savannakhet

어제 걸어 다니다가 슬쩍 보았던 싸완반하오 호텔. 외관에서 풍기는 용모가 범상치 않아 배낭여행객으로서는 용기가 필요했다. 하지만 리나 게스트하우스에서만은 못 자겠다는 결론을 내리고 무조건 프런트로 직진. 얼마냐고 물어보기도 전에 가격표가 내밀어졌다. 틀리든 맞든 빠른 리액션이 맘에 든다. 가격도 아주 괜찮다. 이 정도 외관에 이렇게 넓은 마당, 간간이 보이는 잔디밭. 가장 아래 레벨의 가격이 5만 5천 낍이다. 게다가 무려 에어컨 포함이다. 난 우선 7만 5천 낍짜리와 함께 두 종류의 방을 보여달라고 부탁했다. 낮은 가격의 방은 뒤쪽 별채에 있는데 전혀 부족함이 없어 보였고 7만 5천 낍짜리는 물론 수준을 상회했다. 터미널까지 뚝뚝을 타지 않고 걸어가는 한이 있더라도 무조건 이 호텔에서 묵어야 했다. 이틀을 묵을 거라며 조금 깎아달라고 했더니 14만 낍을 부른다. 직원이 열쇠를 내미는 속도에 정확히 두 배 빠른 속도로 손을 뻗어 열쇠를 낚아챘다. 계산도 물론 끝냈다. 오늘은 토요일, 태국과 마주한 국경도시라 언제 방들이 정리될지 아무도 모른다.

이제 곧 안녕 하게 될 리나로 돌아왔다. 착한 가격 외에는 어딘지 모르게 정이 안 가는 숙소다. 리나 근처에 토요일 아침임에도 불구하고 장사진을 이루고 있는 허름한 식당이 있었는데 그곳에 잠시 들러보았다. 한국에서는 일부러 사람이 많지 않은 식당을 골라 다니는 편이었는데 이곳에서는 왠지 반대가 되어버렸다. 식당 안의 사람들은 일제히 파오 르엇이라는 음식을 먹고 있었다.

국숫집인 줄 알았는데 음식을 시켜보니 국수가 아니다. 잘은 모르겠지만 죽, 그것도 생선 아니 뱀장어 죽 같은 음식이다. 확실히 추어 죽의 맛이다. 아, 정말 최고다, 이 음식은. 여성들에게는 확실히 거부감이 들 정도로 생선의 몸통과 비늘, 뭐 그런 것들이 모두 한 그릇에 다 들어 있다. 뜨겁고 얼큰하고 양 또한 풍부해 보양 음식이 따로 없다. 먹고 있는데 땀이 난다. 내장을 따뜻하게 보호해주는 느낌. 여자들이 듬직한 남자로부터 느낄 법한 '보호를 받고 있다'라는 느낌을 이제야 알 것 같다. 난 지금 이 음식으로부터 보호를 받고 있는 것이다.

짐을 꾸리고 어제 맡겨두었던 빨래를 챙겼다. 다 마르지 않았지만 그냥 접수하고 길을 건너 싸완반하오 호텔로 들어갔다. 아침에 볼 때보다 더더욱 빛나고 심지어 아름답기까지 하다.

아까 나와 잠깐 방값 흥정을 했던 직원은커녕 아무도 프런트에 없다. 이 정도 크기의 호텔에서 이런 시스템은 정말 곤란할 텐데, 생각하며 앞에 가지런하게 놓여 있던 내 방 열쇠를 가지고 방으로 들어와 버렸다. 처음에는 보지 못했던 방구석의 벗겨진 페인트 자국 말고는 예상대로 최고의 숙소다.

점심때는 편한 생각으로 걸었다. 걷는다는 것은 낯선 도시를 익히기에 더없이 좋은 친환경 행동이다. 센터를 기준으로 서쪽으로

Savannakhet

500여 미터만 가면 메콩 강이 있고 동쪽으로는 몇 블록 이외에는 바로 산과 들판이 펼쳐지는 듯해 남쪽 끝까지 걸었다. 싸완나켓에서는 워낙 할 일이 마땅치 않아 걷는 것도 세심하게 동선을 짜야 했다. 오늘 이 도시를 횡단한다면 내일은 영락없이 방에서 지내야 할 정도로 볼거리가 마땅치 않다. 호텔에 비치되어 있던 싸완나켓의 여행 안내지는 과거 프랑스의 식민 시대 때 지어진 많은 건물에 관한 것이 대부분이었고 사진에서 보이는 것들도 여행자의 시선을 잡아끌지는 못했다. 주변에 '원숭이 숲'이라는 다소 코믹한 투어가 있었지만 무려 50킬로미터나 되는 거리를 감내할 만큼 매력적이지는 못했다.

  한적해질 대로 한적해진 곳에서 발걸음을 돌리는데 앞서 가던 오토바이가 서더니 이쪽을 보고 뭐라고 하는 것 같다. 나에게 하는 말인지 모르고 계속해서 뒤를 돌아다보니 나를 가리키며 오토바이 헬

멧을 벗는다. 아! 아까 아침에 만나 숙소 흥정을 했던 싸완반하오 호텔의 '에이'다. 그렇잖아도 돌아가는 길이 너무 단조로워 강을 끼고 가볼까 하고 생각하던 차였는데 마침 그쪽으로 간다며 태워주겠단다. 에이는 영어도 곧잘 하고 상당히 믿음직스러운 하관을 가지고 있다. 항상 느끼는 것이지만 남자와 함께 오토바이를 타면 도대체 손을 어디다 두어야 할지 모르겠다. 허리를 꼭 껴안고 갈 수도 없는 노릇이고, 그렇다고 엉덩이를 앞으로 옮기고 무게중심을 잡아 상체를 젖히는 자세를 취하면 너무 에로틱하고, 수줍게 남자의 허리를 집게손가락과 엄지만을 이용해서 잡을 수도 없다. 아쉬운 대로 바지의 벨트 고리를 잡으면 좋은데 그럼 윗옷을 살짝 들어 올려주어야 한다. 이것도 은근히 오해를 불러일으킬 수가 있어 아슬아슬하게 어깨에다 단지 한 손만 올리는 것으로 결정하고 타고 왔다. 그의 어깨를 두 손으로 따뜻하게 감싸 안을 수는 없었다. 어딘가 무얼 배우러 간다고 들었지만 달리던 중에 한 말이라 정확히 무엇인지는 듣지 못했다.

숙소로 돌아오니 직원은 바뀌어 있었다. '도이'라는 직원. 약간 눈매가 매서운 것이 베트남 사람처럼 생겼지만 어딘지 자신감이 넘쳐 보여 좋다. 샤워를 마치고 시원해진 방 안에 남아 있어야 할 것 같아 책을 꺼냈으나 어쩐지 읽히지가 않는다. PC방으로 가서 미얀마나 태국에서 조인하게 될지도 모르는 후배들하고 연락을 하고 저녁은 대충 때웠다. 역시 국수였다. 하루에 한 번, 아니 한 번 반 정도는 응당 국수를 먹어주는 것만이 현재로썬 지금 라오스를 여행하고 있다는 사실을 되새겨주는 것 같았다.

다시 시내를 기웃거리다가 호텔로 돌아오니 프런트 앞 의자에서 뜻하지 않게 술판이 벌어져 있는데 술판의 주인공은 다름 아닌 도이와 그의 친구들이었다. 직장에서 이래도 되는지 모르겠다. 아예 기타까지 잡고 모두들 합창을 하며 거의 절정에 이르고 있었다. 방으로 그대로 들어갈까, 아니면 저곳에 슬쩍 앉아볼까 하는 마음으로 정확히 방과 그들의 중간 지점을 걷고 있는데 불러 세운다.

안주도 이미 바닥이 난 것 같다. 나보고도 한잔하란다. 세 명이서 한 잔을 가지고 돌려 마시는 중이었나 본데 난 새 잔을 달라고 했다. 처음 보는 이들과 잔을 섞는 것이 싫다기보다는 얼음을 넣은 것이 마뜩잖았다 나중에 안 사실이지만 라오인들은 원래 한 잔으로 다 같이 돌려 마시는 것이 주도라고 한다. 맥주에 얼음을 넣어서 마시는 것은 왠지 우산을 쓰고 샤워를 하는 것같이 아무런 느낌이 없다. 영어에 있어서는 앞서 일했던 에이보다 훨씬 나은 수준을 가지고 있는 도이는 따로 마시라며 친절하게 잔을 하나 가져다주었다.

도이는 기타를 참 잘 쳤고 노래 실력은 기타보다도 월등했다. 스콜피언스의 〈Always somewhere〉를 부를 때는 목소리가 조금 탁했지만 클라우스 마이네를 안 떠올릴 수 없었다. 주변의 친구들도 거의 몰입했다. 귀에 익숙한 노래들이 밤하늘에 울려 퍼지고 난 맥주를 마시지도, 노래를 따라 부르지도 않으면서 그들과 그렇게 자리를 차지하고 앉아 있었다. 기타가 어우러진 록의 고전들을 듣는 것으로 흐름이 지속되는 동안은 그런대로 기분이 아주 좋았다.

어색한 술자리의 막바지가 원래 그렇듯 도이는 기타를 내려놓고 소위 진지모드로 들어갔다. 도이는 나에게 라오스의 기원, 라오스와 태국 그리고 베트남과의 전쟁 역사, 종국에는 앙코르와트의 역사적인 사실까지 말하려 들었다. 라오스라는 단어가 '100만 마리의 코끼리'라는 것을 의미하고 태국 동북부 지방인 이산 지방이 불과 150여 년 전만 해도 라오스 땅이었다는 얘길 제외하고는 내 귀는

그 정겨움의 무게를 따로
　　　　재지 않아도 그 크기가
보일 만큼 풍성하다.
다시 이곳을 찾겠느냐고 물어본다면,
　　　물론 "Always"가 될 것이다.

알아서 한 귀로 듣고 나머지는 흘려보내 주었다.

맥주 몇 병이 다시 오갔고 난 두 병의 계산만 치르고 일어섰다. 아직까지 라오비어에선 어떤 핵심을 찾을 수가 없다.

아침에 일어나 마당에 나가보니 에이가 나와 있다. 반가운 마음에 에이와 이런저런 얘기를 나누다가 도무지 근무 시간을 알 수 없는 퇴근 시간이라고 하여 그에게 딸에게 갖다 주라며 한국 라면 한 개와 대망의 마이쮸 한 봉지를 선물로 주었다. 에이라면 어느 정도 선에서는 무언가를 계속 준다고 해도 아깝지 않을 정도로 좋은 친

구가 될 수 있을 것 같다.

샤워를 마치고 이번에는 어제 갔던 길 반대편으로 걸어가 보기로 했다. 터미널에 내려 숙소를 찾아 올 때까지 얼마 걸리지 않았던 길이었기에 터미널로 걸어가 보려고 작정하고 있었다. 작정이 필요한 것까지는 아니었지만 처음 이곳에 도착한 날 메콩 호텔을 거쳐 리나 게스트하우스까지 2만 낍에 올 거리는 절대 아니었다. 빡쎄의 터미널에서 시내까지 거리의 대략 10분의 1 거리. 택시 같은 교통수

단에 바가지를 쓰는 것은 세계 어디든 똑같다.
　남쪽의 한적함과는 달리 북쪽의 거리는 나름 상업지구인 것 같다. 군이 구분한다면 말이다. 거리는 얼마 차이가 나지 않지만 일제히 어디서부턴가 와서 어디론가 가고 있는 오토바이와 썽태우들이 많아서 일요일 아침의 풍경으로는 분간키 어려웠다. 중간 중간 개들이 어슬렁거렸지만 그들은 여전히 땅에 코를 밀착시키고 마치 지뢰 과자라도 찾아내려는 듯 나는 안중에도 없었다.
　상당히 낡아 보이고 더 이상 영업 진전의 의지라곤 없어 보이는 중국계의 호텔을 지나니 황량한 거리가 나타난다. 싸완나켓은 주도로로만 사람과 차들이 다니는 것 같다. 주도로보다 넓고 황량한 뒤쪽의 거리엔 차가 지나다니는 개들의 숫자만큼 많지 않았다.
　세 개 이상의 짐을 가지고 걸어오기에는 다소 무리가 있는 터미널에 도착했다. 일요일 아침에 이곳을 떠나고 들어오는 사람들이 많지 않은 듯 제2의 도시라고 하기에는 무척 한산했다. 이 싸완나켓에서 날 붙잡을 수 있는 대단한 거리가 생기지 않는 한 내일 떠날 생각으로 타켁으로 가는 교통편을 알아보고는 바로 리턴. 무의미한 걸음일 수도 있었지만 뒷길을 통한 넓고 한적한 거리를 걷는 것은 언제든지 즐겁다.
　할 일이라곤 딱히 없었다. 걷다가 억지로 의미를 찾아내 사진을 찍든지 그냥 어깨에 떨어진 머리카락을 털어내는 일 정도가 유일한 동작이었다. 발은 계속해서 걸어주는 것으로 그들의 의무를 다하고 있었다.
　라오스 입국 기념이라기엔 다소 늦은 감이 있지만 마사지를 받기로 했다. 라오스 전통 마사지 한 시간이 3만 5천 낍. 물론 더 비싼 것도 있었지만 미용과 피부에 관계된 것이라 가장 일반적이고 단순한 코스를 골랐다. 몸가짐이 너무나 정갈하고 사잇미소가 감칠맛이 있던 '폰'이라는 여성에게 마사지를 받았는데 원래 피로가 있던 것이 아니라서 그런지 풀린 피로도 없었다. 나이는 조금 들어 보여 스물두 살인 것이 믿기지는 않았지만 손바닥의 두꺼운 굳은살은 벌써부터 그녀의 몸의 일부가 된 듯했다. 그녀는 아주 조신하고 예뻤다.

메콩 강 쪽으로 걷다가 일단의 남자들이 그나마 자신들의 유일한 생업인 썽태우 영업을 내팽개치고 모두 모여 뻬땅 프랑스에서 넘어온 스포츠로 테니스 공 크기만 한 쇠구슬을 던져 상대편의 구슬을 밀어내는 경기. 라오스의 국민 스포츠다 경기를 하는 것을 바라보았다. 몇 명의 남자가 나에게 뭐라고 계속해서 말을 했지만 와서 같이 하자는 얘기는 아닌 것 같았다. 아

Savannakhet

마 자신의 부인을 만나더라도 여기서 봤다는 얘기는 하지 말아달라고 말한 이도 있을 것이고 어디든 내기를 걸어보라고 말한 이도 있을 것이다. 애초부터 경기에는 참여하지 않고 잡담을 할 생각으로 모인 몇몇의 남정네와 사탕을 나누어 먹고 센터 내에 있는 베트남과 라오스와 중국풍의 사원들을 모두 구경하는 것으로써 오후 일정을 마무리 짓기로 했다. 각 나라 스타일의 사원들을 하나씩 보는 것으로 어떤 대단한 결론을 내릴 수는 없겠지만 개인적으로는 뜻밖에 중국식 사원이 가장 정갈하다고 느꼈다.

 방으로 돌아와서는 샤워를 마치고 일단 침대로 쓰러졌다. 낮잠을 살짝 자볼까도 생각했지만 잠이 안 오는 새벽까지 할 일도 역시 없었기에 조금 참기로 했다. 마침 TV에서는 인터밀란의 경기를 해주고 있었다. 에투는 경기가 잘 안 풀리는지 동료들에게 짜증을 내고 있다.

저녁에는 그저께 메콩을 거닐다가 보아둔 강가의 식당에 가보기로 했다. 노을이 지는 메콩 강에서 고작 고기를 구우며 라오스의 정취를 흠뻑 맛볼 수 있다고 생각하니 왠지 여행을 잘 하고 있는지에 대한 의문이 든다. 시내에서 강까지는 500여 미터가 넘는 거리였지만 이상하게도 갈 때마다 짧게 느껴진다. 볼거리가 많은 것도 아니고 이틀이지만 몇 번을 지나다녀 별 새로울 것도 없는데 말이다.

메뉴를 바꾸기로 했다. 강가에 허가 없이 벌여놓은 것이 분명한 식당의 손님들은 7할 정도가 같은 음식을 먹고 있었다. 안 보는 척 얼핏 보니 아주 아담한 크기의 항아리에 채소와 고기들이 어우러져 끓고 먹음직스러운 소스에 찍어 먹는 것이 우리나라의 전골과 같은 형식의 음식임에 틀림없다. 숯이 들어오고 얇게 썰어진 쇠고기와 간, 그리고 오징어와 새우가 세팅된 접시가 날라져 왔다. 채소는 거의 더미라고 불러도 될 만큼 수북하다. 라오스에서 의외로 비싼 날계란 두 개와 작은 봉지의 당면 세 봉지. 아무래도 2인분에 해당하는 양인 것 같다. 괜히 분위기에 휩쓸려 맥주도 한 병 시켰다.

분명 먹는 방법이 따로 있을 터인데 그냥 몽땅 넣고 같이 끓여버렸다. 고추와 마늘도 듬뿍 넣어 그리운 한국의 맛을 조금이라도 느끼고자 했다. 같이 나온 '수끼'라고 불리는 소스는 회를 먹을 때 나오는 마늘과 참기름이 혼합된 된장과 거의 비슷한 수준. 모두가 어우러졌다.

그런데 물이 끓는가 싶더니 바로 넘쳐버린다. 우왕좌왕하며 물을 걷어내다가 건더기를 건져내는 쪽이 끓고 있는 육수를 빠르게 진정시킬 수 있을 것 같아 다시 허겁지겁 건더기를 걷어냈지만 이미 여기저기 육수와 건더기들이 흐르고 금세 지저분한 식탁이 되어버렸다. 음식을 먹기 전의 식탁이라곤 도저히 생각할 수 없었다.

어느덧 판이 진정이 되고 이제 제대로 된 음식을 맛볼 차례다.

오! 이것은…… 한국, 일본, 중국, 태국, 베트남, 필리핀, 미얀마까지 모두의 허락을 받아낼 수 있는 이것은 진정 아시아의 맛이다. 아르헨티나의 숯불구이 쇠고기인 아싸도를 먹고 '신의 고기'라고까지 했던 나에게 이 라오스의 항아리 전골 요리인 '머쭛'이 한 번 더 신의 음식을 맛보게 해준 셈이었다. 뜨거운 채소와 고기가 된장에 찍혀 입속으로 들어올 땐 내 몸속의 장기들이 오랜만에 화초에 물을 준 듯 생기가 돌았다. 땀은 뒤통수와 이마가 아닌 정확히 정수리에서 새 나오고 있다. 왜소한 체구의 라오인들만을 위한 의자인지 다소 좁은 의자에서 허리를 굽히고, 숯이 들어온 이후로는 허리도 제대로 펴지 않고 허겁지겁 먹어댔더니 정말, 등에 순간 담이 들어버렸다. 근육이 뭉친 것 같다.

난 2인분을 모두 먹어치웠다. 바닥까지 긁었다. 육수도 물론 깨끗이 비웠다. 라오비어는 있었는지도 모르게 한 잔째에서 진전 없이 그대로 귀퉁이에 멀뚱히 자리 잡고 있다. 그만큼 완벽하게 몰두와 집중을 부르는 음식이었다. 생각보다 먹을거리가 다양하지 않아서 조금은 놀라고 있는 이 라오스에서 머쭛은 무조건 최고의 음식이 될 것이다.

상당히 만족스러운 식사를 마치고 오는 길에 노래방에 기웃거리기도 했으나 왠지 라오스에서는 이런 유흥이 어울리지 않다고 판단해 그냥 돌아왔다.

내일은 타켁으로 갈 예정. 가지고 있는 정보는 아무것도 없다. 숙소 정보 딱 두 개. 쎄뽄이라는 지역으로 갈까도 했지만 싸완나켓에 처음 도착했던 날 식당에서 어여쁜 처자가 쎄뽄은 공장지대여서 가 보았자 별로 할 일은 없을 것이라고 충고했던 게 생각나 위쪽으로 올라가기로 했다.

오늘 할 일은 충분히 한 것 같다. 오늘도 심심치 않게 걸은 데에다 포만감까지 더해지니 피로가 일찍 찾아왔다. 잠시 밖을 나갔다가 어제와 하나도 다를 것이 없는 길들을 보고는 그냥 들어와 버렸다.

빡쎄나 참빠삭과는 다른 분위기의 싸완나켓. 잠시였지만 좋은 친구 같았던 에이, 그리고 머쯧, 〈Always Somewhere〉의 추억, 주스와 함께 족발 덮밥을 먹으면서 나눴던 그들과의 눈인사. 싸완나켓은 정겹다. 그 정겨움의 무게를 따로 재지 않아도 그 크기가 보일 만큼 풍성하다. 다시 이곳을 찾겠느냐고 물어본다면, 물론 "Always"가 될 것이다.

아침에 일어나자마자 움직이기로 했다. 우선 파오 르엇을 다시 한 번 먹으러 갔다. 음식

이 나올 때까지 어제보다 시간이 꽤 걸린 것을 빼면 역시 별다른 볼거리가 많지 않은 이 싸완나켓에서 머쭛과 더불어 최고의 음식 투어 프로그램에 등극시킬 수 있다. 아주 훌륭한 맛을 지닌 음식이 있는 식당에서 식사를 마치면 내부의 위생 상태라든가 종업원의 친절도 같은 것은 음식을 마무리하고 계산을 치르고 나서도 크게 한숨을 내쉴 때까지 눈에 들어오지 않는다. 이 식당 역시 음식의 맛에만 집중한 듯 다른 부분은 별로였다.

이후로는 점심때쯤 타켁으로 올라갈 예정이어서 주말 동안 문이 닫혀 있던 싸완나켓 박물관에 들러보기로 했다. 근처에 공룡박물관도 있었으나 발걸음을 옮길 만큼 흥미로운 주제는 아니었다.

정면에 라오스 건국의 아버지인 카이손 폼비한의 흉상이 자리하

고 있고 몇 가지 유물들을 전시해놓은 것 외에 별다른 유물은 없다. 전쟁 때 사용되었을 갖가지 포탄과 과거 혁명기의 '라오 레지스탕스'의 흑백사진들.

  이 도시를 떠나기 전에 여행 안내소에 들러 라오스 전체 지도를 받으려고 했는데 전체 지도는 없고 다음 도시인 타켁의 지도만 있다. 하지만 시내를 설명하는 지도가 아니고 타켁 시 주변을 크게 그려놓은 지도라서 아무런 의미가 없다.

  숙소로 돌아와서는 단 이틀 머무는 동안 어질러놓은 것이라고는 상상하기 힘들 정도로 여기저기 흩어지고 널브러진 짐들을 정리했다. 라오스의 아이들에게 주려고 가지고 온 사탕 봉지는 그동안 가방 안에서 더위에 녹아버렸는지 국물마저 흐르는 것 같아 버리기로 했다.

  짐을 꾸려 나오니 에이도 없고 도이도 없고 프런트에 아무도 없다. 나를 위한 환송 기념 깜짝쇼라도 해줄지 몰라 모퉁이를 살짝 돌아가 보았으나 기대했던 폭죽은 터지지 않고 개 한 마리가 심각하게 벽을 쳐다보고 있다. 녀석은 드디어 면벽수도 사색에 잠긴 것 같다.

  호텔 앞에 있는 뚝뚝을 타려고 가격을 물어보았으나 2만 낍이나 부른다. 그냥 조금 걸어 나와 만 낍에 터미널로 들어왔다. 어제 터미널에서 타켁으로 가는 표를 친절하게 설명해주었던 젊은 처자는 어제의 내가 오늘의 나인 걸 모르는지 어제와는 달리 다소 퉁명스러운 표정으로 옆 창구에서 표를 끊으라고 손가락만 움직인다. 두 달간 사귀었던 남자친구가 결국 돈을 꾸어달라고 말했나 보다.

　남부 라오스 버스의 특징은 우선 출발하자마자 이상할 정도로 웜업을 한다는 것이다. 그러니까 시속 10킬로미터로 한참을 가다가 차차 속도를 높이는 시스템인데, 아무래도 제때 타지 못한 승객을 기다려주려는 것 같다. 월요일 아침이라서 그런지 버스 안도 승객이 열 명 남짓, 무척이나 한산하다.

　타켁까지는 세 시간 반 정도. 깜빡하고 잠을 잘 경우에는 그냥 지나치기 십상이라서 음악을 들으며 구간을 버텼다. 후배가 여행하며 들으라고 보내준 음악 중에 한국 록 밴드인 '레이니썬'의 음악을 들으면서 갔는데 어째서 이런 밴드를 아직까지 내가 몰라보았는지 굉장히 훌륭하다. 한때 귀곡메탈로 불리던 것만 기억하는 나로서는 이미 스스로 하나의 본류를 만들어놓은 레이니썬에 무조건 찬성표를 던지고 싶다. 레이니썬이나 국카스텐, 검정치마, 그리고 힙합이지만 레버넌스 같은 팀들은 한 나라의 문화의 다양성을 넓게 가지고 간다는 의미에서 일부러라도 키워줄 필요가 있다고 본다.

늦게 와서 미안해,
라오스

Thakhek
타켁

미안하다 그리고
지나간다

뱃사공은 동굴의 이를테면 끝자락에서 노를 내려놓고
동굴 감상 시간을 주려는 듯 나에게 편안하게 만끽하라는
표정을 보였지만 오히려 등 뒤에서 그가 불어대는
휘파람 소리에 이상한 공포심만 느꼈다.
작은 배 위라 일어서거나 뒤로 돌지도 못하고 그저
난 앞을 바라보고 있고 그는 뒤에서 연방 특이한 음의
날카로운 휘파람을 불고 있다.

덥다. 오히려 북쪽으로 올라왔음에도 불구하고 덥다. 뜻밖이다.

이제까지 라오스 여행 시 가장 불편했던 부분은 항상 터미널이 중심가와 떨어져 있어서 다시 무언가를 타고 들어가야 한다는 점이었는데, 무언가를 타야 한다는 점보다 더 맘에 들지 않는 것은 뚝뚝 기사들과 가격을 흥정해야 한다는 것이다. 낯선 곳에 내려 처음 접하는 금액, 특히 터미널이란 곳에서의 이동 경비에 대해 내게 신뢰를 주는 사람은 많지 않다. 버스가 타켁 터미널에 진입하자마자 별다른 사람도 없는 터미널 바깥쪽에서 대낮부터 판을 벌이고 있는 뚝뚝 기사들의 모습을 볼 수 있었다.

짐을 내려 걷고 있자니 아무도 여행객을 실어 나를 생각을 하지 않는지 기척들이 없다. 처음부터 그들의 뚝뚝을 이용하고 싶지 않았기에 터미널을 벗어나려고 하다가 그만 흘끗 한번 본다는 것이 기사들하고 눈이 마주쳐 버렸다. 그래 센터까지 얼마에 가냐고 물어볼 수밖에 없었다. 그들 틈에서 잔돈푼이나 챙기면서 하루하루를 연명해나가는 늙수그레한 노인이 다가와 흥정을 붙이기 시작한다. 나는 다시 센터라는 단어를 일본식으로, 미국식으로, 그리고 말도 안 되는 여러 가지 발음으로 되풀이해 겨우 목적지를 알려주었는데 그 노인은 뒤를 돌아다보며 오히려 가격을 다른 기사들에게 묻는다. 한 사내는 뚝뚝의 가장자리에 엉덩이를 걸친 채로 손가락으로 '3'을 가리켰다. 3만 낍? 싸완나켓보다도 작은 규모의 도시에 터미널이 이렇게까지 멀리 있을 리는 없어 더 이상 물어보지도 않고 돌아섰다. 그들과 만 낍을 흥정하기 위해 말을 섞고 싶지는 않았다. 남자들이란 모여 있으면 외지인에게는 필요 이상으로 눈빛이 거칠어지게 마련이다.

조금 걷고 있자니 뚝뚝이 한 대 선다. 역시.

3만 낍. 교활하게 생겨먹었다. 분명 상당히 소박하게 한탕 하고 태국으로 흘러 들어갈 것이다.

깜짝 놀라는 표정을 지으며 비싸다고 하니 2만 5천 낍. 뚝뚝 비용으로는 아무래도 납득이 가지 않는 액수다. 라오인들에게 뭐라고 하는 것이 아니다. 어디까지나 적정선이 있는 법이다. 결국 2만 낍으로 흥정하고 시내로 들어왔다. 알고 있는 정보대로 게스트하우스

를 찾아가 보니 우중충한 나무로 된 외관은 둘째 치고 숙소 바로 옆에서 노래방을 같이 운영한다. 이래도 네가 밤에 잘 수 있겠냐며 으름장을 놓는 것 같다.

할 수 없이 다시 사람들이 많이 간다는 트래블로지로 향했다. 사람이 많고 적고 간에 우선 이 짐들을 내려놓고 싶었다. 다시 만 낍. 가자, 우선.

트래블로지 앞에 내렸다. 입구까지 20여 미터밖에 안 되는데 입구까지 들어가자 하니 더 들어가려면 돈을 더 달라는 눈치다. 다음부터 무거운 소주나 참치캔 따위를 가지고 다니는 일은 없을 것이다. 예전에 미친 듯이 모았던 주황색의 뉴욕 닉스 타월은 왜 가져왔는지, 원.

도합 3만 낍. 5만 낍짜리 지폐를 주니 2천 낍짜리를 거슬러 준다. 라오스 말을 못 하는 외지 여행자임을 일찌감치 간파하고 오는 내내 얼마나 머리를 굴렸을지 생각만 해도 징그럽다. 게다가 "앗! 실수"라고 말하며 웃음 짓는 그 간사한 얼굴은······. 라오스에서 잔돈을 받을 때 특히 2만 낍과 2천 낍은 구분을 잘해야겠다. 페루에서 위조지폐를 받은 것을 알았을 때도 이렇게까지 화가 나지는 않았는데, 아무래도 라오스를 너무 쉽게 본 모양이다.

'데이'라는 아주 참하게 생긴 여자가 방 안내를 해준다. 영어도 곧잘 하고 눈매도 아까의 그 뚝뚝 사내를 봐서 그런지 대조적으로 아주 선하다. 지리도 익히고 점심도 해결할 겸 나갔다가 숙소로 돌아와서 또 이것저것 짐들을 풀어 헤쳐놓고 매트 주위를 마치 요새처럼 쌓았다. 딴에는 무의식적으로 영역 표시를 하는 건가 보다. 10여 년 전 카오산의 모 게스트하우스보다는 덜 심한 공동 화장실에서 샤워를 했다. 타켁은 온수가 전혀 도움이 안 된다. 찬물로 샤워를 하고 독서와 글 정리로 소일했다. 찬물에서는 녹물의 냄새가, 그러나 그렇게 역하지는 않고 오히려 잠시 동안 유년의 기억이 떠오를 정도로 적당하게 났다.

숙소 주변 뒷길로 걸어 나가보기도 했지만 특별히 호젓하다고 느낄 정도는 아니어서 시장으로 다시 나갔다. 교차로를 중심으로 굳이 구분하자면 현대화된 시장이 숙소 가까운 곳에 있고 반대편에는 역사와 전통을 자랑하는 구식의 시장이 있다. 도무지 보이지 않는 이 도시의 식당을 찾기 위해 뚝뚝까지 대절하고 다닐 수는 없어서 아무래도 먹거리가 풍성한 시장 쪽으로 발걸음을 했다. 그런데 정말 신기하게도 반대편 시장에는 음식을 파는 곳이 단 한 군데도 없었다. 도대체 상인들은 어디서 끼니를 해결하는지, 시장 근처에서 음식 장사를 한다면 1년 안에 금방 시장 전체를 살 수 있을 것 같다.

날이 저물어가는 시간이라 다른 가게는 거의 철수를 하고 넓기만 한 식당 하나를 찾았다. 주문하려고 메뉴를 보는데 식당 크기와 대조적으로, 되는 음식이 열 가지 정도밖에 없다. 일단 열 가지 메뉴 중에 네 개를 차지한 쌀국수는 피했고 그중에서 제일 비싼 2만 낍짜리 쇠고기 음식을 주문했다.

Thakhek

음식은 손바닥 반만 한 양의 쇠고기를 살짝 데쳐 파와 함께 나왔다. 옆에는 간장인 듯한 종지 하나, 끝. 안주를 시켰나 보다. 아니, 이 양은 안주도 뭐도 아니다. 밥도 없다. 따로 시켜야 하는 분위기. 2천 낍. 시장 안에 있는 식당에서 나올 만한 양도 아니고 가격도 아니고 그렇다고 결정적으로 맛도 아니다. 고기도 'meat'라고는 쓰여 있지만 아마 물소고기인 듯 너무 질겨 씹다가 모두 삼켰다. 지구 상의 최상급 품질의 고무를 씹고 있는 것 같았다. 밥은 밥대로 남기고 고기도 개들에게 몇 점 던져주고 일어났다. 고기의 양에 비해 밥은 어찌 그리 비정상적으로 많던지. 허기가 채워지지 않아 좀 더 식당을 찾아보려고 했지만 아까부터 식당이라고는 찾아볼 수 없던 거리에서 식당이 갑자기 나타날 리는 없었다.

내일 타켁에서 둘러볼 만한 곳이 있는지 데이와 종이를 펼쳐놓고 그림을 그려가며 얘기를 나누면서 친근한 시간을 보냈다.

두꺼운 크기의 공책들이 꽤 많은 것으로 봐서 트래블로지는 분명 타켁에 있는 여행자들의 명소인가 본데 내가 본 방명록에 한글은 없었다. 이곳에서 유명한 동굴 투어를 하기 위해선 정보가 필요한데 꼼꼼히 쓰여 있는 영어를 읽고 있자니 왠지 공부를 하는 것 같아 그만두었다.

다시 데이와 논의 끝에 뚝뚝을 타고 부다 케이브Buddha cave라고 불리는 동굴과 그 옆의 동굴 씨엠리압, 그리고 시내를 돌아보는 시티 투어를 묶은 네 시간짜리 투어를 15만 낍에 하기로 했다. 오토바이를 빌려서 갈 수도 있다고 했지만 오토바이 대여료는 기름 값을 제외하고 하루에 10만 낍이었고 기름 값까지 합친다면 금액에서 차이도 얼마 안 될 텐데 작년 베트남 여행 이후 처음 타보는 오토바이를 이곳에서 탈 생각은 들지 않았다.

저녁 8시가 다 된 시간. 데이가 퇴근 시간이라며 선금을 요구하기에 지불했다. 데이는 뚝뚝 기사에게 전화를 걸어 아침 8시까지 오라고 하는 것 같았다. 이로써 내일 타켁에서 할 일이 생겼다.

도미토리로 돌아와 자리에 누우려고 하니 아까는 안 보이던 구멍이 방구석에 보인다. 큰 생수통으로 막아놓고 닫히지 않은 문을 가방으로 지쳐놓고는 취침. 덥다. 넓은 도미토리에 두 개의 팬이 돌고 있는데도 덥다. 사람은 나 말고는 아무도 없었다.

잠이 들락 말락 아슬아슬한 경계에 있을 때 한 무리의 사람들이 들이닥쳤다. 여덟 명. 독일인들이다. 도대체 왜 이 시간에 이곳으로 왔는지 모르겠다. 그들은 도미토리 가격을 나에게 물어보고는 우왕좌왕 한참을 고민하고 또 고민하더니, 한 명이 2만 5천 낍을 내고 도미토리에 묵을 바에야 두 명이 5만 낍을 내고 더블에 묵는 편이 낫다고 판단했는지 모두 다시 짐을 챙겨 우르르 나갔다. 남자 두 명과 여자 여섯 명이었던 것 같은데 정통 게르만들인지 키들이 모두 커서 팬에 거의 머리를 부딪힐 정도였다. 그들은 밤에 도착해 자고 있는 여행객에게 미안한 구석이 있었는지 피곤한 몸을 이끌고 대체적으로 조용하게 불평하고 나지막하게 짜증 냈다. 똑같이 덥고 피곤했을 텐데 남자 녀석들은 먼저 샤워를 하러 나가고 여자들은 어떻게든 머리를 짜내 방을 정리해보려는 모습이 역력했다.

아침이 되었다. 젊은 독일인들은 벌써부터 식당에 진을 치고 앉아 유럽에서는 독일인들의 입이 가장 무겁다는 말을 대대적으로 부정하는 듯 거의 집단적으로 빠르게 말을 나누고 있었다. 마당에는 일찌감치 오늘 투어를 책임질 영어를 한다는 기사가 와 있었지만 실상은 전혀 하지 못했다. 얼굴도 별로 친근한 인상이 아니었으나 다른 방법도 없어 그냥 가기로 했다. 원래 어제 약속했던 시간은 8시부터 12시까지. 하지만 일찍 일어나 마당에서 어슬렁거리다가 일찍 도착한 뚝뚝 기사를 보고 바로 출발하기로 했다. 가는 도중에 길거리에서 샌드위치를 사서 하나씩 나누어 가졌다. 시내를 벗어나 30여 분 달려 도착한 곳은 부다 케이브라고 알려진 산속 동굴. 마카 이라는 마을로 가는 길 도중에 왼편으로 꺾어 한참을 들어간 후 다시 이정표대로 깊숙이 들어가면 만날 수 있는데야. 이곳의 이정표도 8킬로미터다. 여기서부터 나룻배를 타고 한 5분 정도 동굴 입구까지 접근해야 한다. 지금은 우기라 작은 호수처럼 되어버린 물웅덩이를 배를 통해야만 접근할 수 있지만 물에 잠긴 테이블이며 작은 막사처럼 보이는 건물을 보았을 때 건기 때는 오토바이로도 건널 수 있는 거리다. 나는 뚝뚝에서 내리자마자 바로 떠나는 배가 있어 라오인 두 명과 같이 배를 타고 들어갔다.

　예전 어느 농부가 길을 잃고 배가 고파 이곳저곳을 헤매다 우연히 발견했다는 부다 케이브는 지면으로부터 약 10여 미터 위 산 표

면에 위치한 동굴이다. 내부로 들어가는 입구가 무척 좁아서 들어갈 때 마치 대단한 탐험을 하는 것처럼 느껴지지만 사실 동굴 내부는 그리 신비로울 게 없다. 내부에는 이곳을 찾아오는 불자들을 위해 공양을 바칠 음식과 공양 도구를 파는 아낙이 두 명, 동굴에 상주하고 있는 듯한 노인이 한 명 있다. 막내딸로 태어나 어렸을 적부터 사람들의 인기와 귀여움을 독차지하고도 천성이 워낙 착해 성인이 되어서도 사랑과 관심을 받는 똑똑한 여자지만 유독 남자하고의 인연만큼은 이상하게 꼬여버린 것 같은 아주 똑 부러지고 교양 있어 보이는 라오 여인은 그의 남자친구와 여기저기 불상에 절을 올리고 무엇인가를 끊임없이 기원했다. 불상들은 적당히 큰 것과 적당히 작은 것을 모두 합쳐 대체적으로 300여 개. 아주 크거나 작은

불상은 없다. 불공을 마치고 동굴 속에 있던 큰 징을 치는데 한 번씩 칠 때마다 소리가 동굴에 점차적으로 울려 퍼지는 것이 무척 명징하다. 동굴 밑으로 옥색보다도 더 옥색 같은 물이 흘러 내려가는 것이 보였는데 노인이 설명하는 것을 알아들을 수가 없어 아쉬웠다. 왔던 길을 조용히 돌아 나가 라오 연인들과 작별한 뒤 뚝뚝 기사와 두 번째 동굴인 씨엠리압 동굴로 갔다.

   나오는 길에 저 멀리 보이는 산들의 여러 가지 모습이 무척 특이했는데 그런 것을 리아스식 산이라 한단다. 해변만 그런 것이 있는 게 아니었나 보다. 뚝뚝 뒤에 앉아 차량이 별로 없는 라오스 고속도로를 달리는 맛이 썩 괜찮다. 기사는 어쩐 일인지 백미러를 내 얼굴과 정면으로 맞춰놓아 앞을 볼 때마다 그와 눈이 마주치는 점은 영

별로였다. 자리를 반대편으로 옮겼을 때도 기사는 거울을 움직여 역시 내 얼굴로 맞춰놓고 끊임없이 내 표정을 살폈다. 이유를 묻고 싶었지만 손짓 발짓으로 설명하기에는 불가능한 장면이었다.

두 번째 일정인 씨엠리압 동굴. 뚝뚝 기사는 도착한 후 뭔가 일을 진행해주어야 하는데 가게 앞 의자에 앉아버리고는 별 움직임이 없다. 내가 이제 뭘 해야 하느냐는 시늉을 하자 그제야 누구를 부르는가 싶더니 눈 한쪽이 없는 사내가 나타났다. 눈 한쪽은 없었지만 인상 자체는 좋은 사람이었다. 부다 동굴로 갈 때보다 거리가 있어서 그런지 뱃삯은 1만 5천 낍. 숙소에서 적어준 만 낍은 아니었다. 라오스의 물가는 현지인들도 체감하지 못할 정도로 정말 빠르게 오르고 있나 보다. 그와 함께 배를 타고 동굴로 진입. 지면에 내리진 않고 배를 타고 동굴처럼 만들어진 산 밑의 통로를 지나는 느낌이다. 어떤 작은 탄성도 나오지 않는, 그냥 지나쳐도 될 법한 동굴이어서 적잖이 실망 중이다. 뱃사공은 동굴의 이를테면 끝자락에서 노를 내려놓고 동굴 감상 시간을 주려는 듯 나에게 편안하게 만끽하라는 표정을 보였지만 오히려 등 뒤에서 그가 불어대는 휘파람 소리에 이상한 공포심만 느꼈다. 작은 배 위라 일어서거나 뒤로 돌지도 못하고 그저 난 앞을 바라보고 있고 그는 뒤에서 연방 특이한 음의 날카로운 휘파람을 불고 있다. 물 밑에서 〈13일의 금요일〉의 제이슨이라도 튀어나올 것 같은 음산한 분위기였다.

동굴 천장에서 떨어지는 물소리를 듣고 있기만도 뭣해 그냥 돌아가자고 팔짓을 했다. 아무래도 투어를 마감하기에는 아쉬워 기사가 가지고 있는 지도를 보니 낭앤이라는 이름의 동굴이 근처에 있다. 모두들 엄지손가락을 추켜세우며 최고라고 분위기를 돋우기에 가보자고 했다. 시내 투어 대신 낭앤 동굴에 가자며 얼마를 주면 되

겠느냐고 하니 5만 낍을 부른다. 그들의 입에서 또다시 '에잇 킬로미터'가 나올 줄 알았는데 5킬로미터란다. 조금 깎자고 해도 5만 낍 고정. 그래, 가자.

뚝뚝은 다시 동쪽으로 달려 곧 낭앤 동굴의 입구라는 곳에 나를 내려주었다. 결과적으로는 낭앤 동굴의 입구가 아니라 낭앤 동굴로 들어가는 길의 입구인 셈이다. 물살이 세져 이미 개울로 변해버린 도랑을 건너야 했다. 위험해 보이는 개울은 아니었지만 물살이 약한 것도 아니어서 반대편에서 아기를 안고 있는 부부가 무척 애를 먹고 있는 듯했다. 신발을 벗고 엄마가 먼저 건너고 있고 나와 스치는 중이어서 나도 뭘 어쩔 수가 없었다. 젊은 엄마는 나에게 물살이 세니 위쪽으로 바짝 당겨 건너라는 몸짓을 취해주었다. 발을 모두 개울에 담그고 물살 센 강을 건너고 있었지만 그녀로부터 어떤 따뜻한 감정의 전달이 느껴졌다.

개울을 건너고서는 동굴 입구까지 300여 미터. 오롯한 시골길

을 걷는 이 장면이 오늘 투어의, 말하자면 비공식적인 하이라이트다. 입장료로 만 낍인가를 내고 입구에 다가섰다. 동굴 쪽에서 나오는 폭포수 같은 물소리가 사방에 위용을 과시하고 있어 잔뜩 기대를 했지만 동굴 내부는 기실 대단치 않았다. 작년에 멕시코의 따스코란 곳에서 보았던 꽈꽈밀빼란 동굴과 가깝게는 불과 한 달 전 강원도 여행을 갔을 때 들렀던 삼척의 환선굴을 본 나로서는 이 낭앤 동굴이 눈에 들어올 리가 없다. 환선굴의 동굴로서의 가치는 아시아의 동굴 왕좌를 차지하고도 남음이 있다. 물론 중국 어딘가에 상상 이상의 동굴들이 있겠지만 다른 잡동굴들은 그냥 환선굴의 100만 년 아시아의 왕좌를 지켜보는 것으로 그들의 생을 매김해야 할 것이다.

여행지로서 타켁과 삼척을 비교하자면 당연히 삼척의 한판승인데 어째서 한국에 여행자들의 발길이 머물지 않는지 제발 정부에서 고민 좀 했으면 좋겠다. 우리나라보다 여행 인프라가 못한 라오스나 베트남이 외국 여행자들로 뒤덮이는 것은 정말 억울하기까지 하다.
 동굴을 둘러보고 나서는 시내로 귀환. 조금 점수를 주자면 동굴 내의 폭포수 같은 물의 소리는 청각적으로는 꽤 훌륭했다.

 시내로 돌아오니 11시 반 정도. 원래 계약한 시간과도 얼추 맞고 시내 투어도 빼고 낭앤 동굴 값으로 5만 낍이나 따로 쳐서 주었는데 기사는 나더러 점심을 사달라고 한다. 아까 출발할 때 샌드위치도 하나씩 먹었잖소. 미안하지만 전혀 그럴 이유가 없다. 그가 투어 기사로서 최소한의 사명감을 가지고 나를 리드했다면 점심은 물론 팁까지 주어도 기분 좋았겠지만 그는 투어 때 너무 무뚝뚝하고 불성실하게 안내했다. 잘 가라고 뒤돌아서는 나를 다시 불러 세운다. 내일 터미널에 몇 시에 가냐고 묻는다. 9시라고 말하고 얼마에 가냐니까 2만 낍. 됐다.
 교차로에 내려 바로 위치한 식당엘 들렀다. 모두들 열심히 몰두

하며 먹고 있던 국수를 주문하니 이제 다 끝났단다. 한 사내가 자신이 먹고 있던 국수를 가리키며 이것이 마지막 그릇이라는 시늉을 한다. 지금 12시도 안 됐는데 벌써 점심 장사가 끝이 난 것이냐……. 하필 바로 내 앞에서.

하는 수 없이 옆집에 가 저 집과 같은 국수를 달라고 했더니 그 국수는 없고 다른 국수가 있다고 말하는 것 같다. 저쪽 집의 국수는 어딘지 붉고 매운맛의 식감이 돌았는데 이 집 것은 그냥 닭고기 국수다. 그런데 면발이 예술이다. 밀가루 국수 가락이 입속에 감기며 들어오는 형국이 예사롭지 않다. 특이하게 두껍지 않은 국수로서는 씹히는 느낌도 있었다. 라오스 고춧가루를 풀고 고추기름을 뿌리니 대충 색깔도 붉어졌다.

트래블로지로 돌아와 조금 쉬었다가 어제 못 찾은 여행 안내소를 다시 찾아 나섰다. 타켁에 대한 정보보다도 라오스 전체 지도를 구할 수 있을까 해서였다. 전체적인 동선과 라오스에서의 체류 기간을 정하고 온 거긴 하지만 언제 어디서든 일정은 바뀌기 마련인데 전체 지도가 있으면 좀 더 마음 편히 다닐 수 있을 것 같았다. 교차로의 주유소를 중심으로 어제 갔던 PC방을 지나 옆길로 다시 진입. 여행자 안내소는 어제 가다가 그만둔 곳에서 50여 미터 앞쪽에 있었다.

"써바이디!"

젊은 청년 한 명이 안내를 나오는데 영어 실력이 상당하고 진정 안내소에서 일해도 될 법한 캐릭터를 가지고 있다. 이것저것을 물었으나 라오스 전체 지도는 받지 못했고 다음 일정인 라오스의 특별한 오지라는 '탐롯콩로'에 대한 얘기만 잔뜩 듣고 나왔다. 그는 매년 그곳을 찾는다고 한다. 꼭 가보라는 얘기와 함께 인터넷에서 떠도는 얘기와는 다르게 생각보다 어렵지 않게 갈 수 있다는 정보를 얻었다.

라오스로 오기 전 어느 포털의 라오스 여행 카페 모임에 참석한 적이 있는데 그때 내 옆에 앉았던 청년이 비밀스럽게 그곳에 관한 이야기를 들려주며 꼭 가보라고 했었다. 굉장하고, 특이하며, 환상적이고, 아름답고, 아직 많이 알려지지 않았으며, 그렇기 때문에 가볼 만한 가치가 충분하다는.

직원의 설명도 무척 신비롭게 들렸다. 그는 가보면 좋을 것이라고 하지 않고 꼭 가야 한다고 했다.

안내소에서 메콩 강까지는 500여 미터. 그의 말로는 10분이면 걸어갈 수 있다고 했는데 10분도 아니고 500미터도 아니었다. 무의미하게 차들이 다니는 길을 무작정 걸으면 나오기는 한다. 난 더운 길을 걸어서 그런지 체감 시간 30분 이상이었다. 빡쎄, 싸완나켓과 마찬가지로 태국과 왕래할 수 있는 출입국 사무소가 있는데 싸완나켓에서는 퇴근 시간이라 근무자들의 모습을 볼 수가 없어서 그랬는지 몰라도 이곳에서 근무하는 군인이며 관리자들은 눈매가 확실히 달랐다. 태국과 라오스 간에도 서류 미비자들의 왕래가 잦은지 눈매뿐 아니라 전체적인 제복 색깔이며 절도 있는 동작들도 사뭇 달랐다. 하지만 정작 출입국 사무소의 출입은 엉성했다. 원래 그냥 통과가 되는 법이 없고 도장을 찍고 돈을 내는 부스를 통과해야 하는 것 같은데 내가 선을 지나서 강 쪽까지 나갔는데도 제지하는 사람이 없었다. 나올 때도 똑같이 그냥 통과. 강을 바라보며 있던 시간은 5분도 걸리지 않았고 그저 강을 건너면 태국의 국경도시인 나콘파놈이란 곳을 거치게 된다는 것만 알고 나왔다.

주변을 좀 더 둘러보았다. 날씨가 워낙 더워 특별한 점을 느낄 수

길가엔 가로등도 없는데
운치라도 있으면 좋으련만
그냥 어둡기만 하다.

는 없었다. 배가 고프지는 않았지만 지나가다가 만두 같은 음식이 있는 식당이 있기에 들어가 보았다. 새로운 음식을 먹고 싶기도 했지만 우선은 되는대로 햇빛을 피하기 위함이었다. 만둣국에 돼지고기 삶은 것이 몇 점 올라오고 주위에 삶은 채소가 곁들여진 것까지는 좋은데, 내가 볼 때 만두의 맛은 상한 것이었다. 아주 살짝. 혹시 느낌이 그런 것일 수도 있어 한 개를 더 먹어보았으나 다른 재료에서 나는 씁쓸한 맛과 약간 맛이 가버린 것의 차이는 확실히 다르다. 후자 쪽은 혀보다도 먼저 이에서 그 차이를 알아채는 것 같다. 별수 없이 만두만 남긴 채로 계산을 치르고 나오니 종업원들끼리 모여서 그릇을 보며 낄낄거리고 웃고 있다. 나오기 전에 만두가 맛이 갔다고 얘기해주고 싶었는데 말이 안 통하니 어쩔 수 없다. 점심시간이 지나고 오후 4시 그들의 간식 시간이 되면 저절로 알게 되겠지.

숙소에는 데이가 퇴근했는지 안 보이고 다른 총각이 있어 내일 아침 뚝뚝을 불러달라고 부탁했다. 1만 5천 낍. 어제의 그 3만 낍을 불렀던 터미널의 기사들은 정말 타켁 전체에 불필요한 존재들이다.

오늘은 아무 의미 없이 왔던 길을 걷고 또다시 돌아오고 반복해서 걷는 날이 되었다. 잠시 나갔던 저녁 산책 때도 역시 평범한 밤하늘이 있을 뿐, 숙소 쪽으로 나 있는 길가엔 가로등도 없는데 운치라도 있으면 좋으련만 그냥 어둡기만 하다.

도미토리로 돌아오니 다른 투숙객이 한 명 들었나 보다. 글을 쓰며 시간을 보내고 있는데 금발의 짧은 시폰 원피스를 입은, 아마 독일계인 듯한 처자가 들어온다. 서로 형식적인 "하이". 딱히 같은 여행자라고, 또 방을 나누어 쓰고 있다고 해서 말을 이어가고 싶지는 않다.

싸완나켓에서 힘들게 끌어올린 라오스에 대한 애정이 다시 타켁에서 조금 식고 말았다. 만일 남쪽에서부터 라오스 여행을 시작한다면 타켁은 빼도 좋다고 과감하게 말하고 싶다. 부다 케이브와 씨엠리압 동굴, 그리고 낭앤 동굴과 시내의 풍경은 사실 여행자들에게 어떤 환기를 불러일으키는 명소는 아니다. 솔직히 이런 방문지들은 라오스의 어디를 가나 만날 수 있는 곳이라고 생각한다. 혹시 라오 말로 '타켁'의 뜻이 알려진 대로 '손님이 내리는 Guest landing'이 아닌 '꼭 필요치는 않은', 뭐 그런 뜻이 아닐까. 아니면 '알아서 지나가주는'…….

미안하다, 타켁.
넌 나에게 큰 의미는 없었다. 내 책임이라고 한다면 또 그런대로 받아들이겠다.
내일 날이 밝으면 떠날 것이다.
반전은 없다.

늦게 와서 미안해, 라오스

Nahin
나힌

양보할 수 없는
절대 오지, 탐롯콩로

라오스보다는 인도의 어느 도시쯤으로
연상되는 마을, 아니 조그만 구역 나힌.
낯선 도시에 내렸을 때 맑은 햇살이 기다리고
있다면 너무 감격스럽고 생동감마저 넘친다.
해는 친절하게도 정류장 앞까지 나와
나를 환하게 맞아주었다.

　타켁의 여행자 안내소에서 제대로 된 설명을 듣기를 잘한 것 같다. 자칫했으면 상당히 헤맬 뻔한 노정을 미리 개인 교습을 받고 떠나는 셈이었으니 마치 지도를 손에 들고 있는 것 같았다. 탐롯콩로로 들어가는 이른바 베이스캠프인 나힌 지역통칭 나힌이지만 쿤캄(Khounkham)이 정식 행정 명칭이다으로 들어가기 위해선, 남부에서 올라오면 곧바로 가는 차편이 없어 비엥캄Vieng Kham이라는 마을에 내려 다시 버스를 갈아타야 한다. 타켁에서부터는 약 두 시간 거리. 비엥캄까지 들어가는 길에 별다른 이슈는 없었다.

　비엥캄에 내려 손님이 모두 차야지 떠나는 썽태우를 앞에 두고 기약 없이 차를 기다리고 있는데 큰 버스가 한 대 저만치 서더니 주변에 있던 사람들이 모두 뛰어간다. 엉겁결에 같이 뛰면서 나힌도 가냐고 하니 그렇다고 빨리 타란다. 버스의 총각라오스 버스는 기사와 차장, 그리고 짐을 싣고 내릴 때 필요한 남자 직원이 한조가 되어 움직인다이 뛰어와 내 짐부터 먼저 들고 가주어 난 막판에 좀 더 속력을 낼 수 있었.
　나힌 넘어 있는 락샤오로 가는 버스. 락샤오를 지나면 베트남과 만날 수 있다. 비엔티안에서부터 넘어오는 버스인데 시간이 잘 맞은 셈이다. 이곳에서부터 나힌까지 산길을 굽이굽이 들어간다. 중간에 'view point'라는 팻말이 보여 얼핏 창밖을 내다보니 멀리 평원을 이룬 지역이 제법 거창하다. 들어오는 시간은 한 시간. 한 시간이었지만 체감으로는 조금 긴 시간이었던 것도 같다. 왠지 깊은 곳으로 들어가는 인상을 주는 루트지만 결국 이곳을 넘어 베트남으로 연결되니 그렇게 산속 오지로 들어가는 느낌이 들지는 않는다.

중간에 버스가 기름을 넣으려고 섰을 때 멀리서 담배를 피우고 있자니 아까 버스에 올라탈 때 잠깐 스친 나이 지긋한 백인이 내 쪽으로 오고 있는 것이 보인다. 어디서 왔느냐고 하니 지구에서 왔단다. 하지만 태어난 곳은 영국. 탐롯콩로로 가느냐니까 그곳이 뭐 하는 곳이냐는 대답이 돌아왔다. 락사오로 가냐니까 그것도 아니고 그저 기타 하나 들고 흔한 말로 발길 닿는 대로 가고 있단다. 그와

이런저런 짧은 얘기를 나누었는데 그는 특별히 여행 가이드북 『론리 플래닛』을 '저주'한다고 했다. 그 빌어먹을 책으로 인해 여행객들이 모두 자기 방식으로 충분히 자신만의 삶을 묵묵히 살아가고 있는 사람들의 삶을 방해한다고 믿고 있는 것 같았다. 이런 문제는 관점에 따라 장단점이 골고루 배어 있기 때문에 어느 쪽이 옳다고 할 수는 없다. 『론리 플래닛』이 전 세계의 수많은 사람들에게 여행을 떠나게 하는 단서가 되고 또 그 여행을 통해 자신을 치유하고 되돌아보며 결국 자신을 발전시키는 데 주요한 매개가 된다면 그 책은 어쩌면 그들에게는 구원의 책이 될 수도 있다. 또 오지의 아이들은 나무에서 떨어지는 열매를 먹고 소들과 함께 들판을 뛰어다닐 수도 있지만, 도시의 맛있는 사탕의 달콤함을 누릴 필요도 있다. 화려한 색깔의 머리핀 하나나 푸른 첼시의 유니폼 하나라도 어쩌면 그것들이 이 세상과, 조금은 감추어졌던 현지의 그들을 연결하는 확실한 고리가 될 수 있다고 생각한다. 그러므로 난 굳이 말하자면 『론리 플래닛』이 이루어놓은 위대한, 여행을 통한 사람들의 마음의 치유라는 성과에 경의를 보내는 편이다.

라오스보다는 인도의 어느 도시쯤으로 연상되는 마을, 아니 조그만 구역 나힌. 낯선 도시에 내렸을 때 맑은 햇살이 기다리고 있다면 너무 감격스럽고 생동감마저 넘친다. 해는 친절하게도 정류장 앞까지 나와 나를 환하게 맞아주었다.

마을은 입구부터 끝까지 500여 미터 안팎. 도로가 잘 닦여 있는 것도, 시원한 바람이 부는 것도 아니었는데 내리자마자 이 마을에서 알 수 없는 만족감을 느낄 수 있었다. 햇살을 빼곤 정확히 어떤 부분에서 그런 느낌을 받았는지 모르겠다. 터미널과 붙어 있는 시장에는 이 더위에 가죽점퍼를 입고 초기 LA메탈의 모습을 연상케 하는 복장을 한 소년들이 날카로운 눈빛으로 어슬렁거리고 있어 가방을 고쳐 맸다. 그들과는 눈을 마주치지 않았다.

우선 숙소를 찾아야 했다. 배가 고팠지만 밖으로 돌아다니는 시간을 제외하고 내부에서 활동하는 열너댓 시간 동안 내가 지낼 곳에 대해 확보가 되지 않으면 다른 일을 선뜻 할 수가 없다. 양옆 거리에는 마을의 규모와는 비교할 수 없을 정도로 숙소가 넘쳐났다. 시장을 빼고 전체 가게 중에 거의 4분의 1이 숙박 시설인 것 같다. 음식점까지 합친다면 전체 업소의 반은 충분히 여행객을 위한 최상의 시스템. 게다가 이 모든 시설을 누려야 할 여행객들은 거의 보이지 않는다. 타켁에서 숙박비를 상당히 낮은 비용으로 지출했기에 돈을 좀 더 쓸 의사가 있었다. 멀리 갈 것도 없이 걷자마자 외관이 훌륭한 파마른 뷰라는 호텔이 하나 나타났다. 12만 낍. 될 대로 되라는 식으로 8만 낍을 불렀다. 태어나서 이런 식의 흥정을 해본 것은 처음이다. 주인의 아들인 듯한 중학생쯤 되어 보이는 소년은 같은 동양에서 온 수려하고 준수한 외모의 여행자를 한번 보더니 부랴부랴 방으로 뛰어 올라가서 에어컨 리모컨을 손에 들고는 에어컨을 틀지 않는 조건으로 그렇게 해주겠다고 한다. 당장은 날씨가 더워 조금 힘들겠지만 이 마을은 사방이 산으로 둘러싸여 있으니 저녁이 되면 분명 기온이 내려갈 것이다. 4만 낍과 에어컨을 바꾼 셈인데, 8만 낍에 이 정도면 충분하고도 남았다. 냉장고에 게다가 생수 두 병까지. 하얀 시트에 하얀 타월, 그리고 질 좋은 매트. 먼저 몸을 던지지 않는다면 방에게 실례일 테지.

적당하게 나오기까지 하는 온수로 샤워를 하고 마을 지리를 익히기 위해 밖으로 나갔다. 고작 몇백 미터도 되지 않는 길이라 둘러볼 것도 없이 시장 쪽으로 걷고 있는데 동양인처럼 보이는 남자 두 명과 여자 한 명이 썽태우 터미널에서 무언가 계속 고민하고 있다.

"일본인이세요?"

적어도 처음 만나는 사람에게 "너 ○○에서 왔지?" 하고 단정적으로 묻는 것보다는 어느 나라에서 왔느냐고 물어보는 것이 기본적인 예절임에도, 여행 다니면서 제일 듣기 싫었던 말을 내가 하고 말았다.

"아니, 프랑슨데……."

"프랑스?"

동양의 얼굴을 지녔지만 그들은 엄연히 프랑스 국적을 가지고 있는 프랑스인들. 나에겐 조금 어색한 부분이었다. 지금 시간은 오후 1시. 가져온 정보대로라면 이 시간에 탐롯콩로에 다녀오기는 무리인 것 같았다. 그들은 썽태우 기사하고 가격과 시간을 흥정하고 있었지만 1인당 왕복 5만 낍은 절대 변하지 않는 공정가격인 듯했다.

그들은 한참 동안 프랑스어로 대화를 하더니 내일 가는 것으로 결정을 봤고, 나도 마침 내일 그곳으로 갈 예정이어서 자연스럽게 그들과 합류하기로 했다. 교통비 및 뱃삯 등을 조금은 줄일 수 있는 점도 내 얼굴을 환하게 했지만 잠시 동안 일행이 생겼다는 것도 기분 좋은 일이었다. 그들이 어디 가서 커피나 한잔하자고 제안하기에 별다른 일정이 없는 나는 그들과 근처의 독쿤 식당에 같이 가 합석했다.

세 명 모두 말이 많지 않았고 내 쪽에서 특별히 궁금한 것도 없고, 오랜 친구를 만난 듯 반가운 것도 아니어서 조용조용하게 말을 이어나갔다. 기억에 남는 것은 사르코지 대통령을 말할 때 분명 사르코지라는 어감보다는 좀 더 다른 리듬과 단어로 발음한 것과, 내가 열렬하게 추앙해 마지않는 프랑스 영화감독인 레오 카락스의 조국이 아르헨티나라는 다소 뜻밖의 얘기 그 정도였다. 재차 물어보았지만 세 명 모두의 의견은 그는 아르헨티나 출신이라는 것. 프랑스의 실업 문제, 이주 노동자들과의 마찰 문제, 그리고 약간의 인종 문제도 화젯거리였다. 아무리 봐도 대단한 작품인 우라사와 나오키의 역작 『몬스터』의 룽게 경감처럼, 말할 때 조금씩 손을 부자연스럽게 까닥이던 트리라는 남자는 중국계 캄보디아 부모를 둔 마흔 살 아저씨로 컴퓨터 관련 일을 한다고 했고, 좀 더 친숙한 이미지의 패트릭은 택시 운전을 하고 있는데 역시 중국계 캄보디아 부모를 둔, 어렸을 때 프랑스로 이민을 간 케이스라고 했다. 조신한 여성인 마니는 베트남계 라오스 부모를 둔 라오스 태생. 두 살 때 프랑스로 건너가 라오스 말은 전혀 못 한다고 했다. 난 실례일지도 몰라 미리 양해를 구한 후 "그럼 결과적으로 너흰 어느 나라 사람이냐?"라고 물었다. 트리와 패트릭은 당연히 프랑스 사람이라고 말했고 마니는 조심스럽게 "난 사실 프랑스보다는 부모님이 태어난 곳이자 결국 나의 조국인 라오스가 내 나라라는 생각이 든다"라고 말했다. 어렸을 때부터 30년이 넘게 오빠 동생처럼 알고 지내온 그들이었지만 마니의 뜻밖의 발언에 조금 놀란 듯 두 사람의 입에선 "얘가 무슨 소리야. 너 프랑스 사람이잖아!", "진짜? 넌 프랑스가 너의 조국이 아니라고 생각한다는 말이야?"가 연이어 터져 나왔다. 그러나 마니는 30년이 넘게 가슴속에 간직해온 말을 담담히 고백했다.

"하지만 난 어딘지 프랑스 사람이라고는 확실히 말을 할 수가 없었어. 어렸을 때부터 죽……"

주스와 맥주를 사이에 두고 무거운 주제와 가벼운 얘깃거리가 오갔고 시간이 되면 저녁도 같이 먹자고 해 그렇게 하기로 했다. 실컷 웃고 떠들다가 갑자기 그럼 내일 보자며 일어서는 것도 어색한 시간이었다. 내가 마셨던 주스 값은 그들이 계산하고 말았다. 벌써 계산을 마쳐버려 손을 쓸 도리도 없었고 그냥 맘 편하게 얻어먹기로 했다. 패트릭은 라오비어 한 병에 이미 기분이 꽤 좋아진 듯했다. 그들은 숙소로 돌아가고 나는 마을을 좀 더 걷다가 돌아왔다. 이따가 패트릭에게 선을 보이기로 한, 비엔티안의 지인에게 전달할 소주는 냉장고에 벌써 넣어두었다.

산속의 마을이라 해는 일찍 지는 편이었다. 산들을 주변에 둔 넉넉한 지형에 집마다 저녁을 준비하는지 여기저기서 밥 짓는 연기와 냄새가 마을을 감싸고 있다. 나힌과 나힌 사람들 역시 산으로부터 보호받고 있는 것 같았다.

저녁 7시에 그들과 다시 만났다. 약속돼 있던 일정은 그들에게 일행이 생겨버린 탓에 조금 변경되었다. 그들의 숙소에 있는 영국인 세 명과 함께 밴을 빌리기로 했다는 것이었다. 썽태우 가격과 차비는 동일. 좀 더 좋은 환경으로 이동하는 것이니 싫을 이유가 없다. 여행을 다니며 일부러 고생 루트를 택하는 사람들이 있는데 난 그정도까지는 아니다.

낙천적인 성격의 패트릭과 채소 국수를 두고 소주 작은 것을 나누어 마셨다. 트리와 마니는 알코올 알레르기가 있어 권유하지 않았지만 그들은 조금이나마 같이 마셔주었다. 프랑스어로 건배는 '쌱'이라고 한다. 그들에게 아무 필요 없는 몇 가지 프랑스 말을 배웠으나 따라 하는 순간 벌써 잊어버리기 시작했다. 유쾌한 얘기들이 다시 오갔고 우린 내일 아침 8시에 만나기로 하며 기분 좋게 헤어졌다. 자크 브렐 버전의 〈날 떠나지 마세요 Ne Me Quitte Pas〉가 살짝 스쳤다.

밤하늘에 뜬 달은 실처럼 얇게 수놓아져 있다. 나는 내일 탐롯콩로로 들어간다. 라오스에서 가장 보고 싶었던 것 중에 하나.

난 조금은 무겁게 숨을 내뱉었다.

8시에 만나기로 한 숙소에 도착했지만 그들은 아직 아침을 먹고 있었다. 주문한 바나나 팬케이크가 나오지 않아 별수 없이 늦어져버렸다는 것. 팬케이크는 보는 순간 무조건 나의 내일 아침 메뉴로 정해졌다.

8시 20분 출발. 탐롯콩로의 초입인 작은 마을이랄 것까지도 없지만까지 또 다른 작은 마을 몇 개를 지났다. 가는 동안 숙소 같은 것은 없어 보였으니, 출발지는 나힌 이외에는 없는 셈이다. 한 시간을 달려 선착장에 내려 입장료 및 뱃삯, 그리고 동굴 안에서 불을 비춰줄 헤드라이트에 대한 값을 치르고 보트를 탔다. 나는 패트릭과 앞선의 방향수, 뒷선의 보트 조종수와 함께 네 명이 한조가 되었고 10만 낍은 패트릭과 나누어 냈다. 추위에 관한 것이라면 벌써부터 호들갑을 떠는 나였기에 동굴 속을 한 시간이나 달린다는 말을 듣고 패트릭에게 여분의 옷을 빌렸다. 패트릭은 너무나 천진한 웃음으로 기꺼이 자신의 가방 안에 있던 방수 점퍼를 빌려주었다. 모터를 탈착할 수 있는 나무로 만들어진 작은 보트였기에 안전 문제가 염려되었다. 참고로 동굴 안은 승선한 인원이 차고 있는 헤드라이트 외에 다른 불빛은 없기 때문에 다 같이 불을 밝혀주며 어둠을 헤쳐 나가는 차원에서 무조건 빌리는 편이 낫다. 구명조끼는 뱃삯에 포함되어 있다. 당연히 입고 가야 한다.

　동굴 초입에서 밀려 나오는 강물의 규칙적이고 거대한 방류는 위압감을 주기에 충분했다. 나아간다, 조금씩. 나는 이곳에서 내 영세한 말로는, 글로는, 입으로는, 어떤 사진으로는 설명할 수 없는 곳을 체험한다. 그리고 곧이어 가늠할 수 없는 방대한 어둠과 직면한다.

　이곳은 진정한 지구의 속, 즉 맨틀과 만날 수 있는 유일한 통로인 것이다. 이곳은 지구의 혈로이자 지구의 자궁 속, 그리고 무수한 분열과 끊임없이 새로운 탄생으로 이루어진 모든 색깔의 고향인 '블랙'의 심장이다.

　어둠. 그것은 내가 인식하기도 전에 이미 내 앞으로 다가와 눈앞에서 검게 터졌다. 캄캄한 동굴 속의 물길을 지나갈 때 내가 현재 눈을 뜨고 있는 것인지, 숨은 쉬고나 있는 것인지 나도 모르게 심장을 쥐었다. 순간적으로 머리카락을 만지며 현실감각을 느끼려고도 했고 몸의 균형이 조금이라도 흐트러지면 순간적으로 배의 방향이 틀어졌기에 극도로 조심을 하며 나의 실체를 가늠해나갔다. 솔직하

탐롯콩로로의 항해는
라오스 여행의 의미를 격상시켜줄 수
있는 최고의 단일 여행이다.

탐롯콩로 하나를 접하기 위해서라도 라오스 여행은 충분히 가치 있다고 말할 수 있다.

고도 유치하게 이곳에 나의 흔적을 남기겠다는 유아적인 발상으로 빠르게 지나가는 강물에 침을 뱉기도 했다. 이른바 항해를 하는 동안 '모험'이나 '탐험' 같은 단어는 차라리 저급하다. 어리지만 노련한 가이드들 덕분에 위험하지는 않았지만 설사 빠른 물길 속에 빠져 덧없이 사라진다 해도 이것은 가능하지 않은 꿈의 판타지를 경험하는 것 같은 느낌이었다. 어느샌가 잠에서 깨어 내 방 침대 위에서 다시 눈을 뜰 것만 같은, 태초에 어머니의 배 속에 있었을 때 헤엄치던 그 자궁 속의 양수와 같은 안도감을 실로 몇천 년 만에 다시 누릴 수 있는 곳이다, 이곳은.

한 시간. 나는 이 속에서 실로 깊은 어둠과 무겁게 조우했다. 한 시간 동안 인간의 생리적인 현상을 조금도 인식해보지 못한 순간은 처음이었다. 난 잠시 인간 같은 미약한 존재는 아니었다. 단계가 있다면 분명 아래쪽의 그 무엇인가였을 것이다. 피상적인 것 말고 탐롯콩로에서의 한 시간을 설명할 수 있다면, 그것은 불가능한 거짓말이다. 난 설명을 생략하겠다.

깊은 곳의 깊이가 무려 7.5미터나 되고 전체 길이가 1,650미터나 되는 동굴을 빠져나오면 탐롯콩로의 둘밖에 없는 마을인 나탄 마을과 폰캄 마을에 도착한다. 스물두 명의 사람들만이 사는 곳. 어째서 물건을 하나 사려고 해도 한 시간 넘게 뱃길을 건너 또 한 시간 가까이 마을로 가야만 하는 이런 곳에 정착해서 사는지 모르겠지만 그들에게 현실적인 연민이 느껴지지는 않았다. 그들은 개, 돼지, 소, 말, 그리고 오리들과 충분히 만족하며 사는 듯했다.

이 마을에서 하루를 지낼 수 있는 프로그램인 현지인 민박은 5만 낍. 식사는 포함인 것으로 알고 있지만 전기는 물론 기본적인 급수 시스템이 만무한 것과, 떨어진 모기장이 있긴 하겠지만 집에 아예 창문이나 칸막이 등이 없는 이곳에서 뎅기열이 한창인 지금 모기와 벌레들이 창궐하는 밤을 보내는 것이 썩 내키지 않아 민박은 하지 않기로 했다.

  일행들과 한 시간 정도 마을을 구경하고 돌아왔다. 똑같은 코스로 돌아오는 뱃길은 아직도 충분히 설레고 감동적이고 눈이 멀 만큼 아득하다. 형식적으로는 무척이나 지루한 뱃길을 달린 뿐이지만 한 시간이 지루하다고 느껴지지는 않을 정도로 시간은 정말 금세 지나간다.

  탐롯콩로로의 항해는 정말 라오스 여행의 의미를 격상시켜줄 수 있는 최고의 단일 여행이다. 탐롯콩로 하나를 접하기 위해서라도 라오스 여행은 충분히 가치 있다고 감히 말할 수 있겠다.

  주차장에 있는 식당에서 다 같이 식사를 하고 나힌으로 돌아왔다. 일방적으로 나만 감동을 느꼈는지 특별히 훌륭했다고 말하는

사람은 없었다. 그들은 그저 해리슨 포드가 죽기 전 마지막 〈인디아나 존스〉는 적어도 이곳에서 찍어야 한다는 생각뿐인 것 같았다.

  프랑스 일행은 저녁에 차를 타고 타켁으로 건너간단다. 타켁이라, 글쎄……. 여행지와 여행자의 성격은 모두가 달라 그들은 또 의외로 타켁에서 라오스에 대해 애정을 갖게 될 수도 있을 것이다. 조금 후 숙소 방의 바깥으로 나와 노트북을 펼쳐놓고 있자니 트리와 마니와 패트릭이 지나가며 손을 흔든다. 내려가서 차를 탈 때까지 같이 있다가 배웅을 해주고 돌아왔다. 루앙프라방에서 어쩌면 만나

절 동안은 스칠 수도 있을 것이다. 좋은 친구들이었다.

나힌의 저녁. 뒷길을 따라 한참을 걸었다. 수력발전소 공사 현장으로 들어가는 몇 대의 트럭이 볼썽사납게 먼지를 일으키며 달려가고 있지만 이 깊어진 한적함에 지장을 주진 않는다. 저녁을 짓는 연기가 어디서부턴가 하늘을 덮고 길가의 어린 형제들은 엄마가 차려준 저녁을 먹으러 앞다투어 뛰어 돌아간다. 마침 노을의 끝자락이 산 정상에 포개어져 나힌의 그림은 아주 붉게 채색되었다. 마음속에서 쓸쓸함이 조금 묻어 나왔지만 숙소로 돌아가든 인생의 길을 걸어가든 어차피 내가 걸어가야 할 길이었다. 난 다시 걸었다.

　쓸쓸해진 길을 걸을 때 Graham Nash의 〈Prison song〉은 발걸음을 더욱 가라앉게 만들고 만다. ……제길, 난 그래서 그 곡이 좋다.

　이곳에서 더 묵기로 했다. 설사 숙소가 수준 이하였다고 하더라도 아마 생각은 변하지 않았을 것이다. 나힌 자체는 아무것도 볼 것이 없는 것 같지만 나힌의 저녁을 보고 나면 누구든 이곳이 가져다 주는 평온함과 약간의 쓸쓸함에 방향을 잃고 말 것이다.

　나힌의 이른 아침은, 숙소에서 바라볼 때 마치 층층 계단처럼 보여 내 멋대로 이름 지은 계단산으로 스미는 구름과 안개의 조합이 어떤 완벽의 선을 넘는 것 같기도 하다.

　아침은 어제 스스로 굳게 약속한 대로 바나나 팬케이크를 먹으러 갔고 향기보다도 우선 유리컵에 담겨 나오는 라오 커피의 유혹에 한 잔을 시키지 않을 수 없었다. 라오 커피는 신기하게도 마셔도 바로 그날 밤 불면으로 이어지지 않았다. 바나나 팬케이크는 거의 시집 두 권을 합쳐놓은 것만큼 두꺼웠다. 맛도 아주 좋았다. 음식을 먹을 때 '씹히는 맛'이란 것이 무척 중요한데 팬케이크에서 바로 그 씹히는 맛을 느낄 수 있었다. 난 입속을 가득 채웠다. 볼이 부풀어 오르고 숨을 내뱉을 만한 공간이 나오지 않았지만 그래도 거의 다 밀어 넣었다. 팬케이크는 그래야 제맛이 나는 법이다.

　수력발전소에서 일하고 있다는 말레이시아인 '모한'과 합석을 하게 되었다. 인도인의 용모를 지니고 있지만 아시아에서는 드문 다인종 국가답게 말레이시아 사람이고 3년째 이곳에서 일하고 있단다. 1년에 네 번 고국으로 돌아가는데 두 달 후 딸이 태어난단다. 모한은 계란 요리에 과도하게 소금을 뿌려 먹었고 나는 더 이상 먹을 수 없을 정도로 배가 불러 팬케이크를 남기고 말았다. 싸완나켓에서 먹은 파오 르엇보다도 어쩌면 순위에서 앞설 수 있는 최고의 팬케이크였다. 식사를 마친 후에는 어제 탐롯콩로에서 돌아와 영국인들과 함께 가보려고 했다가 왠지 주춤했었던 탓 남싸남이라는 폭포를 찾아 나섰다.

라오스로 오기 며칠 전 우연히 TV에서 다큐멘터리를 보았는데 라오스의 어느 폭포 지역에서 조난당한 호주인의 이야기였다. 그는 산 위의 폭포를 보러 간다는 다소 가벼운 발걸음으로 길을 나섰다가 조난당해 무려 11일 이후에 극적으로 죽음 직전에 구조되었는데 알고 보니 바로 그 폭포가 이곳이었다. 여행자 안내소에 확인을 받고 떠나는 시스템도 그 이후에 생긴 것이라고 한다. 사실 길가에서 들어가는 길이 따로 있긴 하지만 대단한 탐험가의 유전자 기질을 3대째 이어오고 있는 사람이거나, 긍정적인 사고방식이 심각하리만큼 발달한 사람이라도…… 가면 안 된다. 폭포까지는 3킬로미터였지만 산속에서 3킬로미터라는 것은 무시할 수 없는 거리다. 게다가 이곳은 산이 아니다. 밀림이다. 밀림을 경험해보지 못한 한국 사람들에게 밀림에 대한 인식이 어느 정도 되어 있는지 모르겠다.

가이드와 반드시 동행, 그리고 몇 가지 안전 수칙을 숙지하고 비장한 각오로 서명을 한 후 폭포 트레킹에 나선다. 5만 낍. 그나저나 서명란을 보니 그저께 날짜에 트리의 서명이 눈에 들어온다. 영국 친구들과 탐롯콩로에서 돌아와 폭포에 다녀온다고 발걸음을 돌렸을 때 어째서 그는 모두 슬리퍼를 신고 있던 우리를 말리지 않았을까. 그때는 거의 3시가 가까운 시간이었는데 산은 이미 4시만 돼도 빠른 속도로 어두워지지 않던가.

나힌은 라오스의 스펙트럼이다.
아주 빛나는.
나는 나힌을 사랑한다.

분명히 호주인 구조 작업 때 최소한 부반장이었을 것 같은 사내가 가이드의 자격으로 앞장을 섰다. 슬리퍼를 신었지만 그것은 등반에 자신이 있어서라기보다는 단지 다른 신발이 없어서였겠다. 가이드는 길에서 작은 헝겊 인형을 하나 주워 손녀에게라도 가져다줄 모양인지 트레킹 내내 무척 소중하게 다루었다.

출발은 좋았다. 길 가운데로 날아다니는 나비 떼 사이를 지나갈 때면 내 앞은 온통 나비들로 노란 바탕을 이루었다. 두어 군데의 개울이 있었지만 사내는 자신의 등을 내주어 여행자의 신발이 젖어 산행에 지장을 주는 것에 더 마음이 쓰임을 보여주었다. 사양했지만 그의 묵묵한 표정을 읽고 그의 등을 감사히 받기로 했다. 평지는 더 이상 길게 이어지지 않았고 주변은 이미 숲을 넘어 벌써부터 밀림이 시작되고 있었다. 멀리서 음산할 정도의 새 떼가 처음 들어보는 소리로 말을 걸어왔다. 새들의 소리는 숲의 상공을 모조리 점령해 다른 소리의 접근은 원천적으로 막고 있는 것 같았다. 난 그 속에 갇히기 시작했다.

트레킹이 시작되었다. 아침에 내린 비로 돌들이 미끈거렸지만 땅은 다행히 많이 젖어 있지 않았다. 군데군데 현지인들이 세워놓은 표지판 등 최소한의 좌표가 없다면 어떠한 방법으로도 찾아갈 수 없는 마의 폭포지대. 올라갈수록 각도는 가팔라지고 길은 더욱 좁아졌다. 가이드는 갈라지는 길목에서 몇 번씩 길을 확인을 하는 데에 시간을 아끼지 않았다. 넘어진 잡목들과 그 위로 쓰러진 거대한 나무 기둥들을 넘고 헤치며 전진해야 했다. 숲의 특성상 며칠 만에라도 지형은 바뀔 수 있었다. 옆으로 흘러가며 최소한의 가이드 역할을 해주던 폭포로부터의 물줄기는 가끔씩 소리가 들리지 않을 정도로 멀리 사라지곤 해 내가 믿고 의지할 것이라곤 오로지 가이드의 뒷모습밖에 없었다.

　트레킹은 계속 이어지고 폭포를 앞둔 500미터 지점에서 결국 타임을 불렀다. 속이 쓰려왔다. 등반 자체는 힘이 들지 않았지만 아무래도 경사가 급해지는 까닭에 막판 탄력의 재충전이 필요했다. 셔츠는 이미 땀을 닦아내는 것이 무의미할 정도로 완전히 젖어 있었다. 100미터가 남았다는 표지판이 보이면서 그동안 사라졌던 웅장한 물소리가 들려오고는 곧이어 폭포지대에 다다랐다. 한 시간 정도의 등반. 생각지도 않은 등반이었지만 목표점을 확인한 순간 등반이란 역시 하나의 '성과'가 된다. 하지만 정작 다다른 곳은 폭포의 아래쪽에 위치한 작은 폭포. 저기 희끗하게 보이는 세로로 떨어지는 폭포가 오늘의 이를테면 최종 목표 지점이다. 우선은 시원하게 터져 나오는 물줄기가 모여 만들어진 폭포 아래의 작은 못에서 쉬기로 했다. 가이드는 나에게 수영을 해보라고 입수를 권했으나 반바지를 입고 허리까지 들어간 상태에서도 발끝은 땅에 닿을 생각이 없었다. 베테랑인 가이드가 지켜보고 있었지만 빠른 물줄기에 휩쓸린다면 난 그대로 나힌으로 흘러갈지도 모를 정도로 물살은 거칠고 양도 많았다.

　그나저나 원래 방문하기로 한 폭포는 가지 못하고 먼발치에서 바라보는 것으로 만족해야 했다. 작은 폭포에서 다시 길이라고는 할 수 없는 거칠고 가파른 바윗길을 건너 큰 폭포에 다다라야 했으나 앞장서서 바위의 질을 점검하던 사내가 아무래도 안 되겠다는 신호를 보내온다. 아침나절에 내린 비로 바위와 돌들 사이를 지나갈 수 없을 정도로 미끈거리는 것도 문제였지만 정작 중요한 문제는 사람의 왕래가 거의 없는 지역이라 그동안 마음껏 자란 바위의 이끼들이었다. 발을 옮길 때마다 그가 신고 있던 슬리퍼가 그대로 죽죽 미끄러진다. 그리고 눈에 보이는 만큼 가까운 거리가 아니어서 얼마나 더 올라가야 하는지 모르는 것도 문제였다. 가이드의 철수 선언은 오히려 반가웠다. 젊고 혈기가 넘치는 가이드였다면 앞장서서 가자고 했을 텐데 상황을 볼 줄 아는 노련한 가이드라서 너무 감사하다.

내려오는 길. 이것이 중요하다. 낯선 산속에서는 올라갈 때와 내려갈 때가 완전히 다른 길이라고 보면 된다. 내려갈 때는 나무며 돌이며 전체적인 숲이 적의를 가지고 앞을 가로막고 있는 것처럼 완벽하게 다른 모습을 보인다. 내가 올라왔던 산의 모습은 이미 뒤편으로 넘어갔다. 잠시 길을 헤맨 것 같아 다시 앞으로 오를 때, 그것으로 조난은 시작된다고 보면 된다.

가이드는 두 번 정도 길을 잘못 들었다. 분명 길이라고 생각지 않은 곳으로 방향을 잡았는데 결국 그곳이 내려가는 길이었다. 역시 혼자서 왔다면 난 이곳에서 길을 잃고 말았을 것이다. 생각만 해도 몸서리가 쳐진다. '숲속의 공포'라면 멕시코 피라미드 순례 시 '깔락물'을 보기 위해 들어갔던 밀림에서 이미 충분히 느꼈던 나지만 하산 길에 실제로 머리가 쭈뼛 서기도 했다.

거의 다 내려왔다. 아래쪽의 바위들은 좀 더 완곡한 모양새를 가지고 있고 어디선가 나비들도 계속해서 날아다녔다. 날갯짓 소리가 없는 나비들의 모습은 약간 비정상적인 입체파의 그림처럼 보이며 통상적인 규칙들과는 별도로 나와 거리를 마련해갔다. 나비는 아마 꿈속에서 첫 번째로 등장하는 곤충이어야 할 것이다.

조금 더 내려오니 나비들이 날아다니는 하늘 위로 갑자기 빠른 속도로 먹구름이 번져왔다. 순식간에 바람이 세차게 대지를 흔들더니 정말 눈 깜짝할 사이에 비가 내린다. 하늘은 불안하게 어두워갔

고 해가 있던 곳은 전혀 알 수가 없었다. 갑자기 하늘이 어두워지고 비가 내리기까지는 10초도 걸리지 않았고 비가 내리기 시작할 때부터 비가 퍼붓기 시작할 때까지는 5초가 채 지나지 않았다. 온 세상이 갑자기 불길한 암흑으로 뒤덮였다. 검은 망토가 저편에서부터 서서히 하늘을 덮어왔다. 대항하거나 준비할 새도 없었다. 비는 맹렬하고도 숨 막힐 정도로 거칠게 퍼부었다. 마을의 입구까지는 대략 500여 미터. 우린 뛰었다. 비가 오는 속도에 비례해 뛰어가는 속도는 더욱 빨라졌다.

그리고…… 난 그 순간 내 머리 위로, 꼭대기에 매달린 것처럼 높다랗게 자란 나무 위로 지나가던 비바람의 자락을 보았다. 암흑의 세계에서 끝까지 버티듯 초록의 나뭇잎들이 파르르 떨며 보내주던 그 종소리. 초록의 잎들은 모두들 하나의 작은 종들로 이루어져 생의 마지막 소리를 지상의 나에게 보내주고 있었다. 비와 좀 더 가까운 저 멀리 하늘의 상공은 모두 초토화되고 있었다. 살려달라고 말하는 것 같지는 않았다. 그저 우리는 먼저 떠나게 되었다고 부디 살아남아 달라며 힘없이 어둠속으로 사라져갔다.

난 잔인했다. 난 그것을 지켜보고 있었다. 앞서 뛰던 가이드가 무엇을 하느냐고 재촉을 했지만 난 오히려 바닥에 누워 아스라이 사라져가는 나뭇잎들의 마지막 진혼을 바라보고 싶었다. 바닥에 누워 저 장면에서 베토벤의 〈템페스트〉를 듣는다면 이 세상 어떠한 장면을 만나더라도, 아니 앞으로 아무런 장면을 만나지 못하더라도 그저 이 장면만 안고 평생을 살 수 있을 것같이 황홀했다. 너무나 아름답고 슬프게 으깨어져 가는 비의 공격으로 인한 숲의 패퇴는 이 세상 누구도 절대로 그려내지 못할 것이다. 그것은 가능한 허락이 아니다.

뒤돌아보지 않았다. 다시 올려다보지도 않았다. 나의 무능력은 나로써 충분했다. 이 빗속을 뚫고 최소한 비의 공격에서 살아남는 것만이 내가 지켜주지 못한 나뭇잎의 종들에 대한 최소한의 추억이었다. 난 다시 마음을 고쳐먹고 어느 순간보다도 빨리 뛰었고 드디어 숲을 빠져나왔다. 비는 숲 바깥에까지 이미 쳐들어와 마을을 공격해 마을에, 거리에, 차도에 남아 있는 생물의 모습은 단 하나도 없었다. 비는 이미 폭풍우로 전열을 늘렸다.

수고해준 가이드와 국수라도 같이 하고 싶었으나 그럴 만한 상황이 아니었다. 가방을 열어보니 앞 지퍼 쪽 바닥에 페루 여행에서 사 가지고 온 필통이 있었고 그 안에는 볼펜 몇 개와 어쩐 일인지 한국 돈 5천 원이 들어 있었다. 손녀에게 주라고 할 만한 것은 그것밖에 없었다. 빗속의 전달식치고는 무척 초라했다.

숙소로 돌아왔다. 마을 입구부터는 뛰지 않았다. 왠지 담담했고 뛰든 안 뛰든 난 이미 죽어 있는 것처럼 느껴졌다.

무척 슬펐다. 이렇게 무차별하게 폭격을 당하리라고는 생각하지 못했다. 내가 전쟁터에 나간 장수였다면 아마 돌아오는 자리에서 자결을 했을 것 같은 그런 심정이었다.

거대한 비는 나를 죽였다.

난 방으로 들어오자마자 더운 물로 몸을 덥히고는 가급적 긴 바지와 긴 티셔츠로 몸을 감고 바로 잠에 빠져들었다.

비는 그동안 그렇게 얼마간을 더 세상을 지배하고는 거짓말처럼 사라졌다. 하늘에는 다시 무기력해 보이던 해가 겨우 얼굴을 나타내 그동안의 비의 흔적을 말끔하게 걷어 갔다. 계획에 없던 트레킹에 비까지 맞고는 바로 잠이 들었다가 깬 터라 허기가 졌다. 몸을

보호하고 잔 덕에 다행히 감기엔 걸리지 않은 것 같다. 그래도 잠깐 동안의 트레킹이었음에도 불구하고 그새 다리가 뻐근하다. 문밖의 책상 위에다 그동안 찬밥 신세처럼 홀대를 받아온 카레와 햇반에 참치캔까지 크게 한상 차렸다. 지금 이 식탁은 어느 호텔의 뷔페와도 바꾸고 싶지 않을 정도로 값지다.

아침에 맞이하는 계단산의 안개와 구름.
점심나절에 쏟아지는 비바람.
저녁 뒷길의 주황빛 평화.
밤의 청량한 별빛들…….
나힌은 라오스의 스펙트럼이다, 아주 빛나는.
나는 나힌을 사랑한다.

늦게 와서 미안해, 라오스

Vientiane

비엔티안

라오스의 상징 그리고 성지 탓루앙

라오스에 온다면 이 부다 파크는 반드시
거쳐야 할 핵심 중의 하나다.
비가 오고 땅이 너무 질척거려 많은 시간을
할애하지는 못했지만 이것만은 확실하다.
작품들의 얼굴과 입가, 눈매와 손짓,
캐릭터들의 구성과 동화 같은 배치는 오직 단 한 번 작가가
꾸었던 꿈에서만 이루어진 인간들의 모습이라는 것.

한국분이 운영 중인 라코 게스트하우스란 곳은 태국 대사관 주변에 있는 숙소로서 넓은 방과 깔끔한 구조가 맘에 드는 곳이다. 12만 낍이면 수도에 있는 숙소치고 그다지 비싼 편은 아닌 것 같다. 3만 낍을 내고 오랜만에 저녁으로 한식을 먹었다. 맛은 라오스의 마늘과 양파와 고춧가루, 그리고 결정적으로 물을 사용한 것으로서는 괜찮다고 봐야 한다. 훌륭한 반찬이라기보다는 멸치볶음과 두부된장국, 오이무침, 닭볶음, 김치가 나왔다면 끝. 성찬이었다.

인터넷이 무료라 속도는 그다지 빠르지 않았지만 여러 가지 기사를 읽고 안부 메일도 확인했다. 아직 우기라 그런지 매일같이 간헐적으로 쏟아지던 비는 한국에서는 들어보지 못한 소리와 양으로 벌써부터 힘을 과시하고 있다. 라오스로 오기 전 가입했던 카페에서 알게 된, 비엔티안에서 '썬'이라는 여행사를 운영 중이신 노사장님을 만나 담배와 소주의 전달식 후에 같이 오토바이를 타고 빗속을 잠시 돌아다녔다.

다음 날 역시 저렴한 한국인 민박집인 RD 하우스라는 곳으로 숙소를 옮기고 본격적으로 비엔티안을 구경하러 다녔다. 한 나라의 수도라고 하기에는 많이 모자라는 건물과 주변의 분위기였지만 그것은 어디까지나 나의 잣대일 뿐, 그들하고는 상관없는 일이다. 방콕 카오산 로드의 100분의 1 버전쯤으로 보이는 비엔티안의 여행자거리는 나름 아기자기하고 예쁜 가게들과 현대화된 식당들로 구성되어 있어 이국의 여행자들에게 다소 마음을 놓게 하는 요소가 많다. 거리에는 벌써부터 비가 뿌려지고 있었지만 어젯밤의 기세에 비하면 엄청나게 배려를 해주고 있는 셈이라 고작 이 정도의 비에 불평을 해댈 수는 없다.

첫 번째 행선지는 씨엥쿠앙Xieng Khuan이라는, 영어로는 '부다 파크'라고 이름 붙여진 조각공원이다. 딸랏싸오라고 불리는 시장 앞에 있는 정류장에서 14번 버스를 타고 가면 된다는 정보를 얻어 왔다. 뚝뚝 기사들과 가격 흥정을 하는 것이 싫다기보다 마음이 너무

불편해서 어지간한 거리는 걸어 다니기로 마음먹은 지 오래다. 숙소에서 나와 조금 걷다가 한적한 대통령궁이 나오면 대로로 직진, 그리고 오른쪽으로 조금 틀면 터미널이 나온다. 마침 14번 버스가 정차해 있어 버스에 오르며 씨엥쿠앙을 가느냐고 물었더니 승객들이 일제히 고개를 저으며 "No"라고 합창한다. 정보를 잘못 안 것 같아 다시 내려 여기저기 물어보니 14번 버스 맞는단다. 다시 탑승.
"에, 씨엥쿠앙 가요? 그러니까 부다 파크라고……."
"안 간다니까!"
"……."
뭔가 단단히 내 쪽에서 잘못 알고 있는 것인지 반응들이 한결같

이 뜨겁게 부정적이다. 버스 바로 옆에 있던 터미널 사무실로 들어가 씨엥쿠앙에 간다고 하니 다시 저 버스가 맞는다며 타라고 아예 손을 잡고 같이 가준다. 그 사이 버스는 만석. 한 끗 차이로 서서 가게 생겼고 결국 그 버스는 맞는 것이었다. 폰싸완이라는 동북 지역의 한 도시가 씨엥쿠앙이라는 주에 있는데 그들은 이곳에서부터 무려 열 시간이 넘게 걸리는 그곳을 생각한 모양이었다. 하지만 30명이 넘는 버스 승객들이 전부 부다 파크, 그리고 지금 가려고 하는 씨엥쿠앙을 몰랐을까. 포항에서 경주 가는 버스를 타며 광주에 가느냐고 물었으니 별수 없다. 하지만 폰싸완이 있는 씨엥쿠앙의 라오스 발음이 그 정도로 세심한지는 몰랐다.

Vientiane

빗속을 출발한다. 차에서 나는 기본적인 소음과, 주위의 차들과 엇갈릴 때 나는 마찰음을 제외하고 차 안은 무척 조용하다. 빗소리와 더불어 버스 안이 조금 무겁다.

부다 파크까지는 저렴한 버스로 한 시간. 20킬로미터가 넘는다. 중간에 태국과의 국경도시인 농카이로 넘어가는 국경에 잠시 정차한 후 다시 부다 파크로 빠진다. 많은 사람이 국경을 넘기 위해 내린 탓인지 나머지의 시간은 나 말고 단 두 명이 있을 뿐이었다.

씨엥쿠앙. 입장료 5천 낍 외에 카메라 지참료 3천 낍이 따로 붙는데, 3천 낍을 아까워할 필요는 없을 것 같다. 왜냐하면 부다 파크는 개인적인 성향을 떠나 꽤 훌륭한 방문지에 속하기 때문이다. 작가가 꿈속에서나 만났을 법한 갖가지 괴기스럽고 난해한 형상물이 비 오는 공원을 장식하고 있다. 입구에서부터 작품들이 보이자 난 그만 기절할 것같이 흥분되기 시작했다.

1958년 불심 가득한 불자인 루앙 푸 분르아 수리랏과 그의 추종자들이 평생에 걸쳐 이루어놓은 이 공원에는 메콩 강이 내려다보이는 부지에 조각 기술이라곤 전혀 없는 비숙련공들에 의해서 만들어졌다고는 믿을 수 없는 200여 개의 조각들이 전시되어 있다. 수많은 부처상과 더불어 '내려다보는 자'라는 뜻을 가지고 있으며 부처의 연민의 대상인 보살로 존경받았던 아발로키테슈바라라는 조각, 그리고 아르주나, 시바, 비슈누 등 힌두의 신들도 각각 다른 모습으로 형상화되어 콘크리트 조각으로 건설되었다. 그렇다. 이것은 하나의 건설이다. 루앙 푸는 1975년 태국 동북부 이산 지방으로 비엔티안과 강을 마주하고 있는, 그러나 결국 과거 라오스의 땅이었던 농카이로 건너가 또 다른 '살라 카에우 쿠'라는 부다 파크를 세웠고 2004년 사망했다. 현재 이 부다 파크는 개인에게 양도되어 운영

되고 있다고 한다. 개인적으로 괴기스럽고 뒤틀려 보이는 형상들에 이상하리만큼 눈이 끌리는 나에게는 비엔티안 최고의 방문지로 나무랄 데 없었다.

라오스에 온다면 이 부다 파크는 반드시 거쳐야 할 핵심 중의 하나다. 비가 오고 땅이 너무 질척거려 많은 시간을 할애하지는 못했지만 이것만은 확실하다. 작품들의 얼굴과 입가, 눈매와 손짓, 캐릭터들의 구성과 동화 같은 배치는 오직 단 한 번 작가가 꾸었던 꿈에서만 이루어진 인간들의 모습이라는 것. 화가 히에로니무스 보슈의 〈지옥도〉를 여기서 봤다면 양쪽에 실례의 언급이 될까? 부다 파크는 하나의 업적이자 작은 세계다. 아직까지 아주 개인적으로 탐롯 콩로와 더불어 라오스의 단 두 가지는 바로 이 부다 파크라고 생각한다.

빗줄기가 더욱 거세졌다. 슬리퍼를 신고 나오길 잘했다. 길을 건너 버스를 다시 타고 시내로 오는 중에 아까 국경 검문소에서 안내판을 보았던 태국-라오스 우정의 다리를 거치기로 하고 내렸다. 이 구간은 거리가 길든 짧든 차비는 무조건 5천 낍인가 보다.

그런데 아무도 우정의 다리를 모른다. 여러 가지 발음으로 "프랜드십 브릿지"를 읊어댔지만 정말 단 한 명도 그 말을 알아듣는 사람이 없다. 뚝뚝 위에 '우정의 다리'라고 쓰여 있는데도 정말, 바로 옆의 여행사에서도 정말, 다 포기하고 식당에서 물어보아도 아무도 그곳을 몰랐다. 혹시 내가 서 있는 곳이 우정의 다리의 일부분은 아닐까?

비가 점점 거세진다. 이 빗속에 불편한 마음을 안고 국경을 넘는 사람들의 마음은 어떨까. 물건을 못 팔아서, 물건 살 돈이 충분치

않아서, 물건 판 돈을 전부 잃어버려서, 그리고 딱히 넘는다 해도 돌아갈 곳이 없어서……. 나는 국경을 넘는다는 이미지에 무척 처연한 감정을 느끼고 있다우정의 다리는 결국 메콩 강을 가운데 두고 라오스와 태국을 잇는 국경의 다리였다.

숙소로 돌아와 RD 하우스에서 준 지도를 가지고 앞으로 여행할 동선을 다시 연구했다. 루앙프라방에서 왼쪽으로 가면 싼야부리라는 도시가 눈에 들어오는데 이상하게 그 도시가 끌린다. 내일 비자를 갱신하고 다시 북쪽으로 올라갈 예정인데 싼야부리를 간다면 동선이 조금 맞지 않는다. 루앙프라방을 거점으로 서쪽으로 넘어갔다가 다시 동쪽으로 간 후 베트남을 넘어갔다가 오려면 15일의 기간 동안 충분한 방문지를 연구해두어야 했다. 북라오스의 여행은 남라오스보다 거의 세 배가 힘들다고 한다. 우선 도로 사정이 남쪽보다 좋지 못하고, 산길이 많아 눈에 보이는 지도상의 거리보다 훨씬 꼬불꼬불한 길을 달려야 하며, 버스도 일부 구간은 미니버스로 이동해야 해서 체력과 인내심을 갖추고 있어야 한다고 한다. 페루에서 산길을 열여덟 시간 달린 기억이 있지만 확실히 그때는 버스가 상급이었다. 동쪽 끝인 쌈느아와 북쪽 끝인 퐁쌀리라는 도시가 싼야부리와 마찬가지로 눈에 들어오지 않았더라면 훨씬 수월했을 텐데, 뭐 어쩔 수 없다. 이 모든 것이 라오스의 10퍼센트라는 남쪽 끝 도시인 씨판돈을 안 보고 왔기 때문에 그런 것이다. 애초에 라오스 루트를 연구할 때 씨판돈에 이상하게 끌리지 않아 뺐는데 씨판돈이야말로 남라오스의 핵심 중의 핵심이라는 말을 듣고 보니 아쉬운 마음이 작지 않다.

비가 거의 그쳐 주변의 사원들을 돌아보러 나갔다. 걸어갈 만한 거리에 사원들이 많이 있어 산책하는 마음으로 가볍게 나갔다 오면 특별한 점을 느끼지는 못하더라도 충분히 여유 있는 걸음이 될 수 있다.

사원을 걸으며 여기저기 사진을 찍고 있는데 어디서 경박한 소리가 들린다. 스님들도 조용히 걷고 있고 심지어 주변을 어슬렁거리던 껄렁껄렁해 보이는 한 청년도 사원 마당에서는 발 뒤끝을 조금 들고 있는데…….

아까부터 꾸준하게 따라다니면서 무식하고 비천한 소리를 낸 것은 바로, 내가 끄는 슬리퍼였다. 순간 난 작아지고 싶었다. 난 이제까지 사원에서의 모든 걸음을 슬리퍼로, 그것도 기분 나쁘고 저속한 소리를 내며 옮기고 있었다. 사원은 스님들이 생활도 하고 공부도 하는 곳이다. 앞으로 사원 안에서 슬리퍼를 끄는 소리를 다시 낸다면 난 사원을, 아니 라오스를 다닐 자격이 없는 놈으로 생각하고 자체 퇴국할 것이다.

빡쎄에서, 싸완나켓에서, 그리고 타켁에서 모두 아껴두었던 메콩 강에서의 선셋을 도대체 언제까지 아껴둘 셈인가는 모르겠지만 비엔티안에서도 아직 마음을 정하지 못한 것 같다. 밤이 되었는데도 오히려 밤의 어둠보다 구름의 어둠이 훨씬 진하다. 일찌감치 구름이 사방에 일제히 깔려 당연히 석양을 감상할 수 있는 조건도 안 되었지만 이러다가 메콩 강에서의 일몰을 못 보고 가는 건 아닌지 모르겠다.

루앙프라방, 당신은 마지막으로 나를 받아줘야 해. 부탁하고 있어.

같은 도미토리에 묵고 있는 류명조 씨와 간단하게 인사를 나누었

파리의 개선문을 본따 만든 빠뚜싸이…

다. 그녀는 자전거를 타고 시내 구경을 다녀오겠다며 나갔다. 그녀에게 비 오는 날 자전거로의 이동은 무리라고 역설했지만 설득하진 못했다. 나는 비엔티안 시내의 주요 관광지 중 황금탑인 탓루앙과 파리의 개선문을 본따 만든 빠뚜싸이를 보고, 비자를 갱신하러 라오스 이민국에 들른 후 다시 몇 개의 사원을 거쳐 숙소로 돌아오는 루트를 짰다. 시간이 남는다면 국립박물관도 가보고 싶었는데 일정상 무리가 있을 것도 같았다. 오늘도 비가 조금 내리고 있었지만 심각한 수준은 아니었기에 우산을 받쳐 들고 나섰다. 어젯밤에 들이닥쳤던 비의 야간 습격은 충분히 지배자를 굴복시킬 수도 있을 정도로 정말 난생처음 보는, 듣는, 느끼는 비였다. 나힌의 그것과는 또 달랐다. 비에 만일 무게가 있었다면 이미 이 도시는 내리는 빗방울에 모두 무너졌을 것이다.

딸랏싸오 터미널까지 걸어간 다음 그쪽으로 지나가는 노선의 버스를 타고 중간에 내렸다. 광장이 있는 오른편에 황금의 탓루앙이 보인다. 해가 나 있었다면 황금색의 반사가 훨씬 사원을 돋보이게 했을 것이라 생각하니 아쉽긴 하지만 빗속에서도 보이는 황금의 사원은 이미 하나의 아름다운 단위였다. 조명이 없는 상태에서 탓루앙의 맨얼굴이 그대로 노출되었지만 원래 피부에 자신이 있는 그녀라 해가 없든 비가 오든 도도함을 잃지 않았다.

탓루앙은 1566년 과거 라오스의 왕조였던 란상 왕국의 수도를 루앙프라방에서 비엔티안으로 천도하고 현 라오스의 기틀을 잡은 세탓티랏 왕에 의해 세워진 라오스의 상징이자, 부처님의 가슴뼈를 모셔두고 있는 라오인들의 절대 성지다. 매년 11월 초~중순에 열리는 탓루앙 축제는 라오인들이 평생 가장 참석하고 싶어 하는 최고의 기념일이라고 한다.

사원 내부는 비가 오는 탓인지 관광객이 별로 없었다. 황금빛으로 빛나던 45미터 높이의 탑은 가까이서 보아도 전혀 색이 바래지 않고 위엄 있게 자리하고 있었다. 탑 주변을 돌아보았지만 조각이나 양식이 특별하게 두드러져 보이지는 않아 실제 관람 시간이 많이 걸리지는 않았다.

사원 주변에 보다 웅장하고 기개 있는 사원들이 있었지만 내부 공사 중인지 오른편의 탓루앙느아 사원은 문이 닫혀 있고 보다 작은 왼편의 탓루앙타이 사원만 개방되어 있다. 새롭게 불상을 제작 중인지 시멘트로 만들어지고 있는 와상이 사원 구석에 버려진 것처럼 누워 있다. 바로 화장실 옆에서 말이다. 불심의 기초를 가늠키 어려운 장면이었다.

비상 활주로라고 해도 좋을 널따란 광장을 가로질러 건너보았다. 야구공과 글러브가 있었더라면 캐치볼을 하며 놀고 싶었지만 난 혼자다. 빗속에서 캐치볼 할 상대가 없어서 바보같이 평소보다는 길

게 우울했다.

   터미널로 돌아가는 미니버스를 기다리고 있는데 20분 동안 한 대도 지나가지 않는다. 그런데 그때 타켁의 부다 케이브에서 만났었던 발랄한 라오스 여성이 뚝뚝을 타고 지나가다가 나를 보고는 손을 흔들어준다. 상당한 우연이었다. 라오스에선 보지 못했던 보라색 원피스가 인상적이었다.

   비가 조금 굵어지는 듯해서 뚝뚝을 타기로 하고 한 대를 잡았다. 사실 터미널까지의 거리도 얼마 안 되고 중간에 빠뚜싸이에 내릴 작정이었기 때문에 무려 5천 낍에 흥정을 붙여보았다. 뚝뚝 기사를

상대로 장난을 치는 것 같았지만 현지인은 모두 그 가격에 다닌다고 한다.

　빠뚜싸이는 대통령궁 쪽에서 바라보았던 것보다는 실제로 조금 더 큰 느낌이다. 역시 입장료 3천 낍을 내고 옥상에 올라가는데 몇 층이 안 되지만 이 올라가는 계단은 유난히 힘들다. 옥상에 오르니 정면의 트인 모습이 체코의 바츨라프 광장에서 바라보는 전경과 매우 비슷하다. 전망이 좋다. 나중에 안 사실이지만 난 이곳에 올라와서 대통령궁이 보이는 정면만 바라보고 양옆과 뒤편은 보지 않았다. 한심하다. 뒤편으로 가면 멀리 탓루앙도 있을 테고 다른 사원들도 충분히 보였을 텐데 정말 단세포적임에 틀림없다. 여권 분실에 대비한답시고 사진과 복사본을 여권 속에 보관하는 것과 조금도 다를 바가 없지 않은가.

　자, 이제 비자 정리. 배가 꽤 고팠지만 비자 정리부터 하고 비엔

티안에서 유명하다는 스테이크를 먹으러 갈 생각이었다. 라오스 이민국은 딸랏싸오 길을 건너 주변에 있는데 얼핏 보면 관청 건물처럼 생기지는 않았다.

  노사장님의 말에 따르면 30달러를 내면 한 달을 연장할 수 있다고 했다. 그런데 막상 들어가 연장 신청을 하니 안 된다고 한다. 연장이 된다는 말을 철석같이 믿고 왔기에 안 된다는 얘기가 처음에

는 무엇이 안 된다는 것인지 알아채기 어려웠다. 갑자기 마음이 급해졌다. 노사장님께 긴급히 연락을 취해 통역을 대동하고 갔는데도 법이 바뀌었다는 대답뿐이다. 별수 없이 내일 태국으로 다시 넘어갔다가 와야겠다. 국경을 넘는 것을 좋아하지만 다시 돌아와야 함은 약간의 긴장감도 수반시키는지라 무턱대고 유쾌한 과정은 아니다.

  비엔티안에서 역시 유명한 씨싸켓 사원에 가려고 메콩 강 주변으

로 방향을 잡고 걷자니 멀리서 오전에 게스트하우스에서 인사를 나누었던 류명조 씨가 보인다. 탓루앙은 이미 다녀왔고 자전거를 반납했으며 사우나와 마사지를 받고 돌아오는 길이라고 했다. 사우나와 마사지에 대한 평가는 짧았지만 전혀 갈 마음이 생기지 않을 정도로 강렬했다. 다행히 국립박물관에 대한 평가도 덧붙여 주었다. 강렬함은 마찬가지였다.

왓 씨싸켓은 이미 내가 비엔티안에 있을 때 무수히 걸어 다니던 그 길에 있었다. 따로 방문지로 삼을 필요가 없을 것 같은 대통령궁 바로 옆 사원. 그러고 보니 모든 사원에 들어갈 때 입장료를 낸 기억이 없다. 입구에 혹시 지나쳤을지도 모르는 시주함이 있다면 앞으로 잘 챙겨봐야겠다. 조심조심 걸으며 다니니 이제야 내가 사원에 있을 만한 자격이 되는지 검은 고양이 새끼 한 마리가 계속 나를 따른다. 발 사이로 털을 비비며 지나다니곤 했는데 모든 새끼의 하이라이트는 역시 혓바닥의 그 분홍색이 가져다주는 아기스러움인 것 같다.

저녁은 류명조 씨와 인도 식당에서 먹었다. 강변의 나짐이라는 식당이었는데 정말 깜짝 놀랄 정도로 맛이 있었다. 치킨 커리와 완두콩과 시금치가 어우러진 빨락 빠니르, 그리고 버터가 발라진 난을 곁들였는데 먹고 있는 중간에 몇 번이나 "무슨 맛이 이렇게 좋아?"라고 했는지 모른다. 주인도 우리를 보자마자 "일본인인가요?"를 제치고 "한국인인가요?"라는 말을 해 와 비공식 변외 점수도 추가되었다. 그렇지만 주인은 계산을 마치고 나가는 우리에게 절정의 친절로 "사요나라"라고 말해주었다. 중요한 문제가 아닌 것에 그의 얼굴 앞에서 "파키스탄 만세!"를 외칠 수도 없어 조용히 웃으며 나와 숙소에서 커피와 차를 한잔씩 했다. 그나저나 이번 밥값도 그녀가 계산했다. 이상하게 이번 여행 때 스페인 친구들에게 한 번, 프랑스 친구들에게 한 번, 그리고 지금 또 얻어먹게 되었다. 원래 먹을 복 같은 게 있다고 생각하며 살아오지 않았는데……. 난 커피를 끓여주고 나에겐 나름대로 중요한 고추장 튜브를 주는 것으로 마음을 전했다.

비의 대대적인 공습이 또 시작되었다. 내 인생 최고의 소음과 양으로 무차별하게 공격해 왔다. 어제보다 강도가 심하긴 했지만 비의 폭격이 시작되자 길거리에 인간들의 모습은 순식간에 자취를 감추었다. 며칠 전부터 선전포고를 해왔지만 인간들은 아무런 대비를 못 하고 그대로 굴복, 이미 세상은 비의 지배로 넘어간 후였다. 인

간들은 그저 시간을 기다려 태양이 원군의 형태로 와서 비를 물리쳐 주기를 바랐지만 비는 또 구름으로 방어전선을 구축하고 쳐들어온 터라 함락은 이미 서쪽 벽부터 시작되고 있었다. 이 기세로 본다면 하루? 이틀? 인간들이 최후의 저항을 하는 미천한 시간을 염두에 둔다고 해도 일주일이면 충분히 무너질 수 있을 것이다. 비구름이 바람의 지원마저 받는다면 태양이 두 개가 뜬다 해도 형세를 꺾을 순 없을 것처럼 보였다.

다음 날 아침 일찍 터미널로 가서 표를 끊고 태국 농카이로 넘어갔다. 같은 비용에 라오스보다 훌륭한 숙소, 물론 더 좋은 환경, 인터넷, 길거리에 넘쳐나는 상상 이상의 맛을 지닌 태국의 음식들, 그리고 가격. 숙소 복도에서는 주인과 종업원들 간에 웃음소리가 과하다 싶을 정도로 넘쳐나고 커다랗고 현대화된 쇼핑몰에서 자그마한 초콜릿 케이크 세 개를 천 원에 먹을 수 있는 곳.

쇼핑몰에 있는 좋은 시설의 극장에서 영화를 한 편 본 뒤 1층에 있는 대형 마트에서 메모리와 외장하드를 하나씩 사고 그동안 없어서 불편을 느꼈던 마우스도 하나 샀다. 라오스는 모든 물품이 태국에서 넘어가기 때문에 공산품이 이곳보다 당연히 비싸다. 그렇다고 식료품 가격이 싼 것도 아니니, 이곳에서 묵는 이틀 동안 문명(?)을 실컷 누리고 가야겠다는 생각이 든다.

그렇게 넘어간 잠시의 태국이 좋으면 무엇하러 다시 라오스로 넘어오느냐는 핀잔 섞인 질문이 있겠지만, 난 라오스에 미련을 두고 왔다. 미련이란, 남게 되면 필연적으로 고통스런 후회가 뒤따라오기 때문에 가급적 없애고 가는 편이 치사한 표현이지만, 이롭다.

늦게 와서 미안해,
라오스

Vang Vieng
방비엥

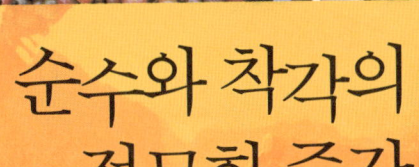

순수와 착각의
절묘한 중간

질퍽한 길을 걷느라 모든 신경을 발끝에 두어야
했지만 가끔씩 벌판을 지나오며 뒤돌아 본 방비엥의 모습은,
자연에 감히 허세와 기교란 것이 있을 수 없겠지만
놓치기 아까울 정도로 아름다웠다.
이 장면에서 비를 마주쳤다면 어쩌면 방비엥은
순간적으로는 나힌을 넘어설 수도 있었겠다.

농카이에서 넘어온 후 무척 고민했다. 방비엥을 지나갈 것인가, 아님 들렀다 갈 것인가. 폰싸완을 지나 쌈느아까지 가는 여정이었기에, 그리고 서쪽 라오스의 싼야부리라는 도시도 가보고 싶었기에 방문할 도시들의 동선과 그에 따른 시간의 안배가 무엇보다 중요했다. '전 세계 여행자들의 천국'이라는 타이틀은 오히려 흥미를 반감시켰고 라오스에서 가장 알려진 3대 여행지인 비엔티안, 루앙프라방, 그리고 방비엥 중 한 곳은 빼고 싶었다. 뭐든 조금씩 엇나가는 것을 좋아해서 방비엥은 농카이에서부터 사실 49 대 51로 안 가는 쪽이었다. 하지만 버스를 내리자마자 뚝뚝 기사가 "방비엥? 방비엥?"을 외쳐대는 통에 그대로 그 뚝뚝 기사를 따라가 버렸다. 루앙프라방으로 가는 버스를 타기 위해선 다시 북터미널로 이동해야 했고 이 점이 정말 싫었다. 열 시간이 넘는다는 낮 버스 시간의 압박, 그리고 루앙프라방으로의 버스 출발 시간도 일단은 몰랐다.

　방비엥으로 가기로 했다. 지금부터 라오스를 나가기까지 일직선 도로의 추억은 잊는 게 좋다. 일직선 도로의 꿈은 칠레에서 꾸기 바란다.

기사는 나를 방비엥으로 떠나는 버스가 있는 곳으로 안내했다. 공식 터미널은 아닌 듯했고 여행사에서 운행하는 개인버스 같았다. 버스는 생각보다 좋았다. 뚝뚝 기사의 친절함과 순수한 얼굴에 그만 예상치도 못하게 가지고 간 커피믹스를 두 개나 주어버렸고 하필 때마침 뒤에서 나타난 버스 기사에게도 두 개를 건넸다. 원래 커피믹스는 남자들에게 줄 용도는 아니었는데 벌써부터 바닥이 났다.

버스가 두 대 있었는데 앞차는 만석이어서 두 번째 차를 탔다. 앞차는 10시에 출발 예정, 그리고 내가 탄 차는 10시 반 출발이었는데 웬일인지 내가 탄 뒤차가 사람이 스무 명도 안 찼는데도 불구하고 운 좋게도 앞서 떠난다. 버스 환경도 좋은 텅텅 빈 버스를 타고 가는 것은 체력적으로도 왠지 도움이 되는 것 같다. 대단한 행운이다. 6만 낍.

방비엥까지는 네 시간 정도가 걸렸다. 그나저나 어디서 물렸는지 온 팔에 벌레 물린 자국이 가득하다. 농카이 아니면 비엔티안에서 물린 것이 확실한데, 또다시 침대 벼룩에 내 몸을 허락한 꼴이 되었

다. 오른팔은 이미 점령당했다.

버스는 공식 정류장이 아닌 비공식 길거리에 섰다. 하지만 거의 시내였던 덕분에 다시 무언가를 타야 하는 과정이 없어 오히려 고마웠다. 버스는 몇몇 사람의 짐을 내려놓자마자 열 명도 안 되는 승객을 싣고 급하게 떠났다. 확실히 버스는 바빠 보였다. 혹시 몰라 미리 알아두었던 숙소 세 곳 중 한 곳이 바로 눈앞에 있다. 빌라이봉. 들어가자마자 이곳으로 결정했다. 밖으로 내어진 2층 베란다에 나가 눈앞에 펼쳐지는 방비엥 산의 전경을 본 이후로는 다른 곳으로의 이동은 원천적으로 봉쇄되었다. 공주님풍의 모기장과 역시 여행자의 눈과 마음을 간단하게 끌어버리는 마법의 색깔, 하얀색의 시트며 베개는 나보다 내 가방들이 앞다투어 방으로 진입하게 했다. 아직 성수기에 들어서지 않은 때문인지 에어컨을 틀지 않는 조건으로 6만 낍. 입구부터 신발을 벗고 들어가는 것도 무척이나 마음에 든다.

우선 볕이 너무 좋아 해가 산 뒤로 넘어가기 전에 빨래부터 했다. 티셔츠 몇 벌이었지만 저런 볕을 그냥 보내기에는 아까운 생각이 든다. 빨래를 보기 좋게 베란다 난간에 널어놓고 1층에 있는 사장에게 슬쩍 말을 붙이며 다가갔다. 사장은 호텔 앞의 부지에 또 다른 레스토랑을 지을 계획이라며 설계도면을 가지고 연구 중이었다. 이 숙소는 3층이나 되는 꽤 훌륭한 외관을 가지고 있기도 하지만 1층 뒤쪽으로도 방이 많아 전체적인 방 수는 40개가 넘는다. 게다가 1층의 뒷공간은 거의 활용을 안 하고 있어 만일 효율적인 경영이 뒷받침된다면 방비엥 최고의 숙소로 자리 잡을 것 같다.

산책을 나왔다. 몰랐는데 지금 이곳은 이른바 방비엥의 다운타운과 조금 떨어진 곳이었다. 숙소 바로 앞 초등학교로 들어갔다. 엄청

나게 모여 있는 어린이들이 제각각 무엇인가를 위해 소리를 지르고 있었지만 그것이 소음이라고는 생각되지 않았다. 그것은 어린이들이 뛰어노는 학교라는 그림을 영화로 만들어주는 아주 알맞은 음악이자 효과음이었다. 사실 되짚어보면 라오스에서 어떤 커다란 웃음소리를 들어본 적이 없는 것 같다. 버스터미널에서도, 시장에서도, 거리에서도 거짓말처럼 깔깔거리며 웃음을 터뜨리는 성인을 보지 못했다. 분명 공산주의의 틀이란 어느 시점에서부터는 일괄적인 방향으로 이끌고 나가지 않으면 안 되겠기에 우선적으로 감정의 즉각적이고 가장 빠른 반응이라고 볼 수 있는 웃음부터 차단하고 있는

Vang Vieng

웃음과 눈물이 없는 것,
    어쩌면 그것이 라오스의
비밀인지도 모르겠다.

지도 모를 일이다. 라오스 사람들이 울지 않는다면 그런대로 설득력이 있을 수도 있겠다. 웃음과 눈물이 없는 것, 어쩌면 그것이 라오스의 비밀인지도 모르겠다.

아직 많은 나라를 다녀보진 못했지만 라오스의 어린아이들, 특히 여자아이들은 다른 어느 나라 아이들보다 예쁘다. 학교의 한가운데에 앉아 아이들이 뛰어노는 것을 바라보았다. 아이들이 뛰어노는 모습은 전 세계 어디나 전 인류를 통틀어서 수천 년 동안 같은 모양일 것이다. 어디서부턴가 한 녀석이 뛰고 뒤이어 다른 녀석이 따라 뛰고 50여 미터가 지나면 약속이나 한 듯이 서로 멈추고 거의 자지러질 듯 웃는다. 이유도 특별하지 않다. 한 녀석이 공을 차면 나머지 아이들이 덩달아 오로지 공을 쫓아가다가도 공을 잡은 녀석이 또 공을 차면 다시 그 공을 쫓는 일을 되풀이한다. 남자아이들은 배제한 채 고무줄놀이로만 거의 하루를 보내는 여자아이들도 있고 괜히 철봉에 거꾸로 매달려 있는 녀석도 있다. 의미 없이 빈 생수통에 끊임없이 모래를 주워 담는 녀석도 있다. 물론 나무 밑에서 그들을 조망하거나 빈 시소에 걸터앉아 어울리지 않게 사색을 하는 녀석들도 분명히 있을 것이다.

크지 않은 시장을 지나 외곽의 자그마한 사원에 들어갔다가 개가 너무 크게 짖어대는 통에 다시 나왔다. 간혹 보면 하루를 온통 짖어대는 일로 보내는 개가 있는데 눈길만큼의 동정도 안 가는 녀석들이다.

일단의 한국인 여행자들을 만났다. 한 팀은 젊은 청년 한 명과 두 명의 자매로 그들도 여행 중에 만났단다. 자매들은 그런 얼굴이 따로 있는지는 모르겠지만 확실히 '배낭여행 따위는 다닐 것 같지 않게 생긴' 예쁜 얼굴들이어서 깜짝 놀랐다. 다른 팀은 남녀 커플이었는데 역시 이곳에서 방금 전에 만났다고 한다. 남자 쪽은 어딘지 부담스러운 타입이다. 난 저런 식으로 모자를 삐딱하게 쓰는 것을 좋아하지 않는다. 우리가 인사를 나누고 이런저런 이야기를 나눌 때 그는 계속해서 뭐가 못마땅한지 뒤돌아 서 있었다. 어딘지 분노가 가득해 보이는 모습이었다. 저런 방비엥에서의 산세 아래라면 모두가 총부릴 내려놓고 화해의 술을 마셔야 하는데……. 그는 아무래도 그녀를 하루 종일 독차지하고 싶었나 보다. 그들과 저녁때 합세하기로 했다.

나는 다리를 건너 뒷마을을 산책하는 것으로 저녁을 소일했다. 아주 참신한 시간이었다.

한 명의 남자와 세 명의 여성과 술을 마시는 자리라서 일부러 로션까지 바르고 나갔다. 첫 자리에서 무엇보다 중요한 것은 저 세 명의 여자에게 어필할 수 있는 중저음의 목소리였는데 잘 나오지 않았다. 이래서 항상 무엇이든 연습이 꾸준해야 한다. 정말 간만에 술을 마시는 자리다. 아까의 그 사내는 당연히, 그리고 고맙게도 나오지 않았다. 이 자리에 끼었다면 어느 순간에 분명 누군가에게 "여행은 그렇게 다니는 게 아니에요!"라든지 "제가 분명히 그렇게 말했을 텐데요"라며 시비를 붙이고 말았을 것이다.

음식 몇 가지와 맥주 몇 병, 그리고 라오의 술이 곁들여졌다. 라오의 술은 갈색 나무의 색깔로, 병을 들고만 있어도 어떤 열기와 영세 아우라가 물씬 풍기는 그런 술이었다. 40도. 구색만 맞춘 도수일 것이다. 나는 손을 묶어놓아도 분명 해내었을 술 섞기 내공으로 금세 술자리의 분위기를 바꿨다. 작지 않은 크기의 병이었는데 술은 금방 바닥이 나서 다른 곳으로 술을 마시러 갔다. 그때부터는 역시

 게임을 동반한 마구잡이식 술 마시기로 돌아갔다. 술집에서 일하는 라오스 청년도 합세했다. 매니저인 듯한 사내가 계속 테이블 주위를 돌며 그에게 눈짓을 보냈는데, 그것은 그만하고 일하라는 눈치보다는 자기도 좀 끼워달라는 신호였다.

 술은 취하려고 마시는 것. 처음 만나는 사람들과의 술자리에서 세계 평화나 개인의 처절한 연애사를 들을 필요는 없으니 오히려 이런 술자리가 어쩌면 충실한 의미의 술자리가 되겠다. 충실하지 못했을 경우 낯선 여자가 결국 울음을 터뜨리는 것같이 어찌할 바를 모르는 상황에 직면하게 될 수도 있는데, 더욱 꼴사나운 것은 그녀를 위로해준답시고 "괜찮아. 힘내"라든지 "울고 싶을 땐 실컷 우

는 거야!"라며 같잖은 말을 내뱉는 것이다. 적잖게 해봐서 그것이 얼마나 순간적으로 의도가 분명한 멘트인지 너무나도 잘 알고 있다.

  라오스의 술집은 공식적으로 늦어도 12시 이후에는 영업을 중지해야 한다. 난 이미 취해버려 귀가를 결정했다. 다 같이 술집을 나왔지만 그들이 술을 더 마시러 갔는지는 모르겠다. 항상 이 점이 나의 문제다. 끝까지 남지 못하는 것은 확실히 마이너스 요소다. 그나저나 돌아오는 길의 방비엥 다운타운은 아까 낮에는 미처 보지 못했는데 엄청나게 화려하게 치장되어 있다. 숙소를 외곽 쪽에 잡은 것이 너무나 다행이다. 술을 마시고 걸어 돌아오는 길은 항상 옛 추억을 떠올리게 한다. 그런 것은 내가 어찌할 수 있는 부분이 아니다. 의지가 미치지 못하는 부분은 그냥 내버려 두는 방법밖에는 없다. 돌아오면서 괜스레 반대편 길 쪽으로 우완 정통파의 폼으로 회심의 일구를 던져보았고 곧이어 이쪽에서 그 공을 내가 멀리 쳐내기도 했다. 알코올마임이었다.

  너무 더워서 바닥에서 잤다. 정작 바닥에서 잘 때는 모기에 물린

것 같지 않은데 중간에 침대에 올라와 모기장을 펴고 그 속에서 잘 때는 무언가에 엄청 물린 것 같다. 자면서도 한참을 긁어댔다. 침대 벼룩과 모기에 물린 자국이 나름 조화를 잘 이루는 것 같기도 하고 물린 자국 위로 다섯 개의 손톱이 지나칠 때는 어떤 요철이 느껴지기도 했다.

  오늘은 투어를 하기로 했다. 카야킹과 동굴 탐험, 그리고 다이빙 프로그램을 합쳐 10만 낍. 생수 한 병과 점심도 포함된 아주 착한 가격이다. 게다가 비수기라 9만 낍으로 깎아주기까지 한다. 어디 가서 절대로 말하지 말라고 했지만 그 말은 이미 다른 사람에게도 했을 것이다.

  썽태우에 카약을 싣고 출발 지점까지 갔다. 오늘 투어에 참석한 사람은 독일인과 프랑스인, 그리고 이스라엘인 부부. 전형적으로 맨체스터 유나이티드를 응원할 것같이 생긴 이는 뜻밖에 프랑스인. 그는 유난히 담배를 많이 피웠는데 어처구니없게 '겉담배'였다. 한국에 있었다면 그런 일로 충분히 "겉담배냐?"라며 친구들한테 욕 먹었을 것이다.

  처음 간 곳은 '코끼리동굴'이라 불리는 곳. 동굴 안에 불상이 모셔져 있고 입구에 코끼리 모양이 부조된 자연 형상물이 있었지만 시멘트로 상당 부분을 발라놓았다.

  두 번째도 역시 동굴 탐험이었다. 동굴로 접근하는 길과 올라가는 길 모두 트레킹에 가깝다. 동굴 안은 훌륭했다. 생각보다 긴 동굴 내부를 작은 헤드라이트로 비추며 들어가는 것이었는데 하필 내게 주어진 헤드라이트의 빛이 거의 막바지라 조금 애를 먹었다. 동굴 내부는 상당히 미끄럽고 어두워 서로 손을 잡지 않으면 일정 구간은 진입이 불가능했다. 코끼리동굴은 안 보더라도 이 동굴만큼은 봐야 한다.

동굴을 나와서는 식당으로 향했다. 질퍽한 길을 걷느라 모든 신경을 발끝에 두어야 했지만 가끔씩 벌판을 지나오며 뒤돌아 본 방비엥의 모습은, 자연에 감히 허세와 기교란 것이 있을 수 없겠지만 놓치기 아까울 정도로 아름다웠다. 이 장면에서 비를 마주쳤다면 어쩌면 방비엥은 순간적으로는 나힌을 넘어설 수도 있었겠다.

점심은 볶음밥과 닭고기, 채소 꼬치구이, 그리고 과일로 구성된 아주 훌륭한 식단이었다. 다른 일행은 점심을 먹고 바로 앞 강가에서 수영을 즐겼으나 난 식당의 개와 놀아주었다. 검둥이는 식당으로 올라온 닭과 오리들을 보면 득달같이 달려가 그들을 쫓아냈지만 또 내가 부르면 금세 달려와 내 손을 앙앙거리며 물곤 했다. 카약을 이놈과 탈 수는 없을까?

식사 후에 또 다른 동굴로의 트레킹을 했지만 난 그냥 입구에서

볕을 즐겼다. 푸른 잔디밭을 앞에 두고 어두운 동굴로 들어가는 것은 배반 행위라는 생각도 들었다.

이제 카약을 탈 시간. 생각보다 어렵지 않은지 준비운동 같은 것은 없다. 내가 초심자라고 하자 독일인인 요르그와 한조를 꾸려준다. 남자였고 또 푸른 눈은 에게 해의 부서지는 바다 빛과는 조금 거리가 있었지만 그의 금발과 어울려 꽤 예뻤다. 출발. 역시 생각보다 어렵지 않다. 쏭강 물살에 카약을 맡겨두고 최소한의 방향만 노를 저어 잡아주면 된다. 전혀 힘들지 않다. 중간 중간에 물살이 센 곳이 몇 번 나타났으나 급류라고까진 할 수 없고 단지 재미를 더해주는 코스다. 요르그와 나는 끊임없이 대화를 했는데 그중 특히 '김정일 이후의 북한 지도 체계 변화'와 '9·11 테러 이후 미국 내 소수인종의 발전 방향 모색'이라는 주제에 와서는 정말 할 말이 없었다. 독일인은 쓸데없이 진지하다고 하는데 과연 그런가 보다. 요르그는 또 나에게 김치가 그립지는 않으냐고도 물어왔다. 김

Vang Vieng

치라⋯⋯. 솔직히 어디 가서 열무김치 국물 한 사발 들이켜고 싶긴 하다.

 카약을 타고 내려오는 강가에는 뜻밖에 라오스라고는 생각하기 어려운 광경이 펼쳐져 있었다. 강가의 무수한 식당에 온통 백인들이 뒤섞여 대낮부터 옷을 벗어 던진 채 댄스음악을 즐기고 있다. 정말 깜짝 놀랐다. 광란의 플로리다가 따로 없다. 백인 무리는 강가 끝에 집중된 여러 식당과 펍Pub에서 "완전히 미쳤군"이란 말이 나도 모르게 튀어나올 정도로 거대하고 난잡한 유흥에 빠져 있었다. 방비엥에 이런 모습이 있을 줄은 몰랐다. '여행자들의 천국'이란 수식어가 붙어 있으니만큼 남의 나라에 와서도 자기들의 저급한 생활 패턴을 버리지 못하는 여행자들을 만날 것이라는 생각은 했지만 솔직히 이 정도인 줄은 몰랐다. 난 마치 방비엥의 수려한 어떤 산 하나가 완전히 무너진 것 같은 느낌을 받았다.

 카약을 잠시 강가에 대고 투어 마지막 프로그램인 다이빙을 하러 강가로 들어섰다. 저마다 카약을 타고 내려오며 조금은 지치고 뜨거운 태양 아래 노출되었던 더위를 식히느라, 미리 와 있던 다른 팀의 인원들과 함께 모조리 강으로 뛰어들었다. 3층 정도의 높이에 설치된 망루에 오른 후 줄을 잡고 강으로 뛰어드는 단순한 다이빙이었지만 실제로 올라서 보니 선뜻 뛰어내릴 만한 높이는 아니었다. 이스라엘 남자가 괴성을 지르며 뛰어내렸고 프랑스의 뚱땡이 겉담배도 출렁이는 뱃살을 부여잡고 떨어졌다. 과도하게 철퍼덕거리는 소리가 났다. 요르그 역시 몸을 던져 강으로 낙하했다. 그리고 나도 뛰어내렸다. 그러나 뛰어내리고 나서 그만 저주스런 위경련이 일어나고 말았다. 5미터 높이에서 공포를 느꼈다고 생각지는 않지만 과거 바이킹인지 뭔지를 한번 타보고 놀이공원 뒤편으로 가서 구토를 했던 전력으로 미루어 봐서 확실히 다이빙으로 인한 위경련임에 틀림없다. 다른 팀의 한국 여자들이 또 뛰어내리라고, 창피하게 한 번이 뭐냐고 거의 초면에는 할 수 없는 말들로 부추겼지만 난 그들의 시선을 피해 몰래 오늘 먹은 것을 확인하며 쓰린 속을 달래야 했다. 나의 위경련 역사로 말할 것 같으면 사당동의 오산당한의원, 방배동의 가야병원, 그리고 압구정동과 천호동의 이름이 기억나지 않는 어느 병원들을 긴급으로 다녀본 경험이 있기 때문에 최소한의 자가치료법 정도는 알고 있다. 무조건 누워서 쉬는 것. 그러지 않고 위경련이 일어났을 때 섣불리 움직였다가는 고통의 극한을 맛보게 될 것이다. 어느 병원인가에서 의사는 순간적인 고통에서 위경련은 거의 최상위 수준이라며 나에게 진심 어린 충고를 해준 적이 있다. 요르그가 쉬고 있는 나에게로 와난 사실 그때 누가 봐도 느긋하게 쉬고 있는 것처럼 위장을 하고 있었다 괜찮으냐고 물어보았다. 나는 그냥 더러운 메콩 강물을 먹은 것 같다며 위가 조금 예민한 편이라고 둘러댔다. 위경련의 고통은 잦아들었다. 30여 분을 참아낸다면 그나마 조금은 움직일 수 있는 것이 또 그것이다.

　다이빙이 끝나고 다시 카약을 탄다. 목적지인 방비엥의 시내까지 연결되는 것인가 보다. 노를 저을 수는 없을 것 같아 요르그와 겉담배를 한조가 되게 하고 난 가이드 캬오에게 부탁해 누워서 내려오는 것으로 했다. 20분은 족히 걸린 거리였다.

　방비엥으로 돌아와 모든 일정을 무사히 마치게 해준 가이드 캬오와 작별을 하고 요르그와도 인사를 나누었다. 결과적으로 라오스 여행 기간 중에서 캬오만큼 착실하고 성실한 가이드는 이후로 만나지 못했다. 혹시 라오스에서 일을 하게 된다면 난 무조건 캬오하고 계약할 것이다.

저녁으로는 숙소 앞에 있는 식당에서 신닷을 먹기로 했다. 주인은 주문을 받고 나서 마을 시장으로 달려가 고기며 채소를 사가지고 와 30분은 족히 기다렸다. 미리 시킨 콜라는 무의미하게 벌써 다 마셔버렸다. 너무 배가 고파 현지인들이 먹는 음식을 게슴츠레 쳐다보니 불쌍해 보였는지 와서 같이 들라고 한다. 그래서 몇 젓가락을 얻어먹었는데 하필 너무 매웠다. 내가 우스꽝스런 동작으로 매운맛을 표현하니 그들이 엄청 즐거워한다. 난 온몸을 내던져 그들을 웃기려고 한 셈이 되었다. 나도 재미있었다.

신닷은 거의 국물까지 완전히 비웠다. 카약을 하고 속을 게워내 빠진 조금의 살은 거의 두 배로 돌아왔다. 산책을 할까 하다가 포만감을 좀 더 느끼고 싶어 조심스럽게 숙소로 돌아와 아주 편한 자세로 쉬었다.

원래는 내일 카야킹을 한 번 더 하려고 했었다. 이즈음 방비엥 쪽의 물살은 1인용 카약을 빌려 혼자서 내려온다 해도 충분히 가능한 수준이었다. 빌라이봉도 하루 더 묵기에 숙소로서 훌륭했다. 하지만 다른 곳의 숙소에서도 하루 정도 묵어볼 심산으로 밤 9시가 된 시간 다운타운으로 걸어 나갔다.

그리고 곧이어 방비엥은 내 역대 최악의 여행지로 예전부터 자리 잡고 있는 인도의 바라나시와 감히 어깨를 견줄 수 있을 만큼 단기간에 동급의 반열에 올라서고 말았다.

낮에 강가에 진을 치고 있던 수많은 백인 종자들이 모두 모여 밤까지 그들의 시간을 늘리고 있었고 숙소에 있던 인간들까지 합세해 이 모습은 진정 온통 휘청거린다고밖에는 말할 수 없는 지저분하고도 역겨운 장면으로 고스란히 이어지고 있었다. 짧은 수영복 차림의 젊은 여성들은 맥주병을 들고 거리를 활보했고 카페 안의 남자

들 역시 과도하고 어색하게 밤을 흥청거렸다. 그들은 어떻게든 오늘 밤만은 죽을힘을 다해 마셔 이 파티를 꼭 카니발리즘으로 만들고야 말겠다는 각오를 한 것처럼 보였다. 난 그 속으로 들어가기 싫었다. 식당이며 술집에서 나오는 불빛으로 온 거리가 환했지만 어두운 동굴 속으로 들어가는 것처럼 느껴졌다. 그들은 박쥐였고 들개 떼였으며 독초였다. 나는 불빛과 불빛 아래에서 벌어지고 있는 저 행위에 현기증이 날 지경이었다. 방비엥의 밤. 지금 당장 어디론가 떠나는 버스가 있다면 빨리 몸을 싣고 빠져나가고 싶었다. 그만큼 방비엥의 밤 풍경은 생각과는 너무 달랐다. 지금 이곳은 라오스가 아니다, 절대.

이 도시에 남을 이유가 없어졌다. 한 가지도 없었다. 개인적으로 너무나 가슴속 깊이 사랑해 마지않는 멕시코의 우슈말, 치비찰툰, 떼오띠우아깐의 피라미드가 이 도시에 모두 몰려 있다고 해도 이런 분위기라면 다시는 오지 않을 것이다.

방비엥을 떠나기로 마음먹었다. 어쩐지 다음 행선지인 루앙프라방이 환기시켜주는 이름의 무게감은 방비엥에서 넘겨졌던 나를 다시 제 위치로 되돌려놓을 수 있을 것 같다. 난 또다시 기대를 하고 있다.

늦게 와서 미안해,
라오스

Luang Prabang
루앙프라방

나눔, 그것은 마지막 남은 인간의 도리

새벽 6시, 어디선가 북소리가 울리고
주황색 가사를 입은 스님들이 일제히 탁발을 한다.
비수기라 여행자들이 많지는 않았지만
일부 서양 여행객들은 탁발에 직접 참여하기도 했다.
아직 아무것도 모르는 어린 스님부터 조금은
반항기를 겪고 있을 만한 나이가 된 스님까지.
나이는 대체적으로 20대 아래로 보인다.

루앙프라방 주의 주도. 행정수도인 비엔티안을 뒤로하고 라오스의 역사적·문화적·종교적 수도임을 자임하는 곳. 1975년 라오스의 왕정이 마감될 때까지 라오스 왕이 살았던 곳으로 지역 주민들 또한 루앙프라방 출신이라는 것에 남다른 자부심을 가지고 있다고 한다.

방비엥에서 넘어오는 길은 조금 험하다. 원래는 라오스에서 야간 버스를 타본 적이 없어서 한번 시도해보려 했는데 방비엥에서 일찌감치 뜨는 바람에 어쩔 수 없이 낮 버스를 타고 넘어간다. 10시에 사람도 별로 없이 여유 있게 출발했지만 어느 지점에서 갑자기 다른 버스로 갈아타게 되었다. 말은 'Special VIP' 버스지만 내가 타고 온 버스보다 더 열악했다. 조금 불편해도 사람이 없는 편이 나은데 이 버스는 2층버스이긴 한데 완전 만석이다. 1층은 갖가지 생필품과 곡식들로 가득 차 있고 병아리들을 태웠는지 가는 내내 울어대는 통에 잠을 잘 수 있는 분위기도 아니었다. 걸린 시간은 예상과 거의 비슷한 여덟 시간. 중간에 버스가 고장 나 잠시 정차했던 시간 포함이다.

터미널에 내리자마자 뚝뚝 기사들의 숙소 흥정이 시작된다. 보여주는 사진을 보고 원하면 타고 가면 되는데 뚝뚝이 공짜로 데려다주는 시스템이라 나쁘지는 않았지만, 난 같이 넘어온 한국 여성과 일본 남성과 함께 터미널 구석에 있던 다른 뚝뚝을 타고 시내로 진입했다. 일본 녀석은 내가 짐을 둘러메고 뚝뚝을 흥정하러 여기저기 물어보고 다니는데 편하게 퍼질러 앉아서 바나나를 먹고 있다. 정말 싫어하는 부류의 인간이다. 1인당 만 낍. 같이 탄 현지인들에게도 같은 가격을 받는 것을 보니 적정가인가 보다.

루앙프라방에는 워낙 숙소가 많아서 그런지 마음이 편하다. 숙소고 뭐고 우선 배 속에 뭔가를 채워주어야 할 것 같아서 길가의 국숫

Luang Prabang

집에 앉았다. 저녁을 먹고 밤이 되어 어두워진다 해도 낯선 곳의 어둠에 대한 두려움을 없애줄 만한 분위기였다. 루앙의 첫 느낌은.

 국숫집에 가방을 맡겨도 된다는 허락을 받고 가방 두 개를 구석에 잠시 놓아두었다. 왠지 지저분한 구석에서 천대를 받고 있는 느낌이었지만 잠시만 있으라고 토닥여준 후에 이를테면 막내딸 격인 중요한 가방만 메고 나왔다. 오빠들은 원래 그렇게 있어도 된다.

 라오스 전체를 통틀어서 가장 숙소가 많은 루앙프라방에서 30여 분 만에 찾은 곳은 타노이 게스트하우스. 조금 전 길거리 선지 국숫집 바로 옆 골목으로 들어오면 찾을 수 있다. 미인이지만 별다른 매력은 없는 분위기의 여자가 딸과 함께 운영하는 숙소다. 조금 작지만 아주 깔끔하고 무엇보다 나 말고 다른 투숙객이 없어서 묵기로 결정했다. 하얀 벽, 하얀 시트, 6만 낍. 팬룸이지만 방이 작은 것에 비해 창문이 많아 더운 느낌은 없다. 이틀 묵을 예정이라며 조금

깎아달라고 했으나 대답은 "No". 좋다. 깎아주면 깎아주는 것이고 아니면 뭐, 상관없다.

 밤이 되었다. 숙소에서 조금만 나가면 루앙의 명물인 야시장이 열린다. 시장이 갖출 수 있는 여러 가지 물건을 팔고 있는데 뒤편의 재래시장까지 합치면 규모가 작지 않다. 방비엥과는 달리 루앙프라방으로 오는 여행객은 나이대가 적지 않아서 무언가 가족적인 느낌이 있다. 시장을 돌아다니면서도 조금도 시끄럽다는

느낌을 받지 않았다.

  숙소로 돌아오니 옆집의 라오 여성이 놀러 왔는지 이 집 딸인 '도이'와 셋이 아주 화기애애하다. 말은 투박하게 하지만 마음만은 정의로워 보이는 옆집 아줌마는 아들이 이곳에 있는 어느 한국인과 연결되어 있다며 "감사합니다"와 "안녕하세요"를 발음한다. 젊었을 때의 그 칼칼하던 카리스마는 어디 가고 이젠 그저 세월을 지나고 있을 뿐인 그녀가 왠지 안타깝기도 했다. 그나저나 태어날 때 특별한 이름이 없으면 모두 뭉뚱그려 '도이'로 이름 짓는다고 하는 라오스의 어두운 작명 역사의 산물인 도이는 정말 한국인과 똑같이 생겼다. 라오스 여자의 10퍼센트 정도는 모두 이름이 '도이'라고 그녀는 말해주었다.

  일찍 자두려고 했고 또 피곤했다. 불편한 버스에서의 여덟 시간은 충분히 사람을 지치게 만든다. 그리고 매일 새벽에 행해진다는

스님들의 '탁밧' 행렬을 보기 위해서라도 취침 시간을 조금 앞당겨야 했다.

그녀들은 내가 방으로 들어와 불을 끈 시점부터 모두 조용히 사라졌다. 잠을 자기는 이른 시간이었고 분명 드라마를 보고 있었던 것 같은데……. 괜히 미안하네. 내일은 조금 늦게 자야겠다.

일찍 잔 탓인지 눈을 뜨니 4시 반이다. 어제 미리 일찍 나간다고 해두어서 도이가 프런트에 놓아둔 열쇠를 열고 나가려고 했는데 도무지 문이 열리지 않는다. 여자 둘만 있는 집이라 단단히 단속을 하고 있나 본데 문을 세 개나 열어야 바깥으로 나갈 수가 있고 마지막 대문은 정말 열기가 어려웠다. 문을 위로 들어서 있는 힘껏 옆으로 당기는 구조는 가르쳐주지 않으면 1분 안에 터득하기 어렵다.

그나저나 너무 일찍 나왔나 보다. 심야 뚝뚝이 아직까지 다니고 있고 거리에 행인이라고는 없다. 하지만 루앙은 전혀 걱정이 되는 도시가 아니다.

새벽 6시, 어디선가 북소리가 울리고 주황색 가사를 입은 스님들이 일제히 탁밧을 한다. 비수기라 여행자들이 많지는 않지만 일부 서양 여행객들은 탁밧에 직접 참여하기도 했다. 아직 아무것도 모르는 어린 스님부터 조금은 반항기를 겪고 있을 만한 나이가 된 스님까지, 나이는 대체적으로 20대 아래로 보인다. 탁밧 의식은 숙소 앞 도로와 건너편 시장 끝의 사원까지 이어진다. 주황색의 시각적인 모습이 보태어져 아주 아름답고 거룩한 장면이 펼쳐진다. 이처럼 기본적인 음식을 나누는 행위가 겸허한 작업임에도 불구하고

현재 우리는 제대로 나누며 살지 못하고 있다. '돕는다'는 의미가 아닌 '나눈다'라는 것은 현재 인간들이 처한, 혹은 스스로 벌여놓은 처참한 관계를 미력하게나마 회복시킬 수 있는 최후의 작업이다. 파탄으로 치닫고 있는 인간들 사이에서 최소한 스스로 인간으로서 다시 일어설 수 있게 기초를 다져주는 비밀의 사랑, 그것은 반드시 공존을 바탕으로 한 '나눔'이다.

공양을 마친 아낙들은 새나 벌레들에게 주기 위해서인지 남은 음식을 담 위나 창틀 밑에 올려두고 파한다. 마지막까지 감동스러운 과정이다.

탁밧은 그렇게 조용히 행해지고 모두들 다시 일상으로 돌아갔다. 루앙에서의 탁밧 의식은 여행자들에게 인간의 숙제와 라오스의 경건함을 일깨워 주기에 최고의 프로그램이다. 나 스스로도 마음이 정갈해짐을 느꼈다.

아침 시장으로 가서 이것저것 구경하다가 국수 한 그릇을 먹고는 루앙에서 제일 유명하다는 쾅시 폭포를 보기 위해 여행사에 예약을 하러 갔다 왔다. 여행 프로그램은 여행사마다 많이 가지고 있는데 코끼리를 타고 다니는 투어, 무작정 하이킹, 카야킹, 쾅시 폭포와 빡우 동굴, 그리고 주변의 소수민족 마을을 둘러보는 것이 있다. 코끼리를 타고 다니는 투어를 할 마음은 진작부터 없었으니 패스. 방비엥에서의 카야킹에 대한 훌륭한 추억이 있었음에도 왠지 루앙에서 그것은 선뜻 하고 싶지 않았다. 진한 색깔과 방대한 양의 물이 그런 마음이 들게 했다. 여행사도 우기의 막바지이고 강의 상류라 위험하다며 카야킹은 추천해주지 않았다. 빡우 동굴이란 곳도 있었지만 '동굴'이라는 코드에 이미 마음은 떠나 있었고 오다가다 만난 한국인 여행자들이 저마다 빡우 동굴은 갈 필요가 전혀 없다고 친절하게 설명도 해주었다. 단지 배를 타고 갈 때 배 위에서 자는 낮잠만큼은 최고라는 사족도 붙여주었다. 쾅시 폭포는 나힌의 폭포를 제대로 보지 못해서 꼭 보고 싶은 것 중 하나였다. 반나절 4만 5천 낍. 다른 투어들이 20만 낍을 넘음을 감안할 때 괜찮은 가격이라고 생각한다. 만일 코끼리를 타고 난 후 무작정 하루를 걷는 하이킹을 한 다음 카약을 이용해 고대 라오스의 신비한 유적지대를 방문한다고 했으면 100달러가 넘어도 난 했을 것이다. 하지만 코끼리와 하이킹, 그리고 카야킹으로 이어지는 투어 프로그램은 도무지 내 흥미를 끌지 못했다.

루앙프라방의 낮 날씨가 원래 그런지 거리가 얼핏 햇빛에 반사되어 베이지색으로 보인다. 사람들은 모두 더위를 피해 숙소에 머무는지 도로에는 사람이 별로 없었다. 방비엥에서 봤던 강가의 그 수많은 술집과 사람들이 이곳에서는 보이지 않는다. 여행사의 직원은 이 도시 자체가 유네스코에 의해 세계문화유산으로 지정돼 정부에서 풍기문란 업소는 아예 허가를 내주지 않는다는 사실을 알려주었다. 중심가의 뒤편에 자리 잡은 강가를 걷다가 생각 외의 한적함에 잠시 서 있었다.

투어 차량을 타고 한 시간을 달려 쾅시 폭포에 도착했다. 투어가 싼 대신 입장료가 2만 낍이다. 투어 금액의 반을 입장료로 내보기는 처음이다. 차 안에 있을 때는 몰랐는데 한국인 여행자가 한 명 있었다. 회사에서 휴가를 받아 어렵게 라오스로 여행 왔다는 그녀는 애석하게도 오늘 밤 비엔티안으로 돌아간다고 했다. 갑자기 나도 진로를 바꿔 비엔티안으로 갈 거라고 말하고 싶었지만 그냥 짧은 만남으로 족하기로 했다.

그녀와 이런저런 이야기를 하며 걸었는데 그녀는 특히 푸씨 산에

서 일몰을 보면 저절로 눈물을 흘릴 것이라고 말해주었다. 선셋을 보며 흘릴 눈물……. 그렇지 않아도 나 그런 눈물 많다.

입장한 후 5분쯤 걸었을까. 폭포가 나왔다. 루앙프라방에 온다면 꼭 봐야 할 것 중 하나라는 그곳. 폭포에서 떨어지는 물줄기는 시원하고 박력 있다. 하지만 그것이 전부라는 것에 문제가 있었다. 우리는 아무리 좋게 보려고 해도 이 위치에서는 한계가 있는 것 같아 가파른 샛길을 따라 올라갔다. 혹시 폭포 정상에서 보면 확실히 다른 무언가를 볼 수 있을지도 모를 일이었다. 올라가는 길은 생각보다 쉽지 않았다. 우선 흙길이고 경사가 거의 45도는 되는 것 같았다. 나름 한참을 올라간 후에 마침 내려오고 있는 사람들에게 위쪽에 뭔가 볼 것이 있느냐고 물으니 네덜란드인인 듯한 사내가 "전혀 없다"라는 대답을 해준다. 그 뒤에서 내려오던 사내는 살을 빼고 싶다면 올라가라고 구체적인 설명을 덧붙여주었다. 거의 새해 덕담에 해당하는 적절하고 마음속 깊은 곳에서 우러나오는 우정 어린 멘트였다고 생각한다. 올라갈 이유가 없다. 이러한 일에 오기를 부리는 타입이 아니다.

돌아오는 길에 잠시 라오스의 소수 부족인 몽Hmong족이 사는 마을에 들렀다. 소수민족 부락이라고 거창하게 말하기엔 너무 참담한 마을이다. 소수민족은 어째서 아이건 어른이건 남자들은 전부

아무 일도 안 하고 소녀부터 시작해 어린 여자, 그리고 젖을 물리지 않는 이상 모든 여자들만 이렇게 일을 하고 물건을 팔러 거리로 나서는지 도무지 화가 나서 못 보겠다. 소녀들이, 아니 어린이들이 다 떨어진 옷을 입고 맨발로 관광객을 따라다니며 거의 구걸에 가깝게 물건을 팔고 있고, 남자 어린이들은 역시 아무렇게나 옷은 입었지만 구슬을 친다든지 나무 막대기를 가지고 장난을 한다든지 하고 있다. 이 조그만 마을을 돌아 나올 때는 어린 소녀들이 어렵게 물건을 팔아 마련한 돈으로 낮부터 술을 진탕 마셨는지 어느 아버지가 허공에 대고 고래고래 주정을 부리고 있었다. 어떤 여행자는 카메라 셔터 뒤로 자신의 눈을 감추고 그런 그들의 모습을 카메라에 담고 있었다.

과연…… 무엇을 위해…… 어떤 자격으로……. 그들을 찍을 수 있는 권리는 누구에게로부터 나온 것인가. 그 사진은 결국 무엇을 말하게 될까……. 난 충분히 혼란스럽다.

라오스는 착하지 않다, 솔직히. 이런 모습은 비단 소수민족에서만 보아온 것은 아니다. 라오스 어디를 가도 일을 하고 생업에 뛰어드는 쪽은 분명 여자들이었다. 남자들은 그저 잘해야 뚝뚝이나 몰고 공원 뒤에서 노름판이나 벌이고 밤에 술이나 마셨지 내 가정을 반드시 잘 꾸리겠다며 눈에 불을 켜고 일을 하는 남자의 눈빛은 본

Luang Prabang

적이 없다.

 난 결코 남녀평등주의자도 아니고 솔직히 그것이 무엇을 말하는지도 정확히 모르지만 이런 식으로 남자들에 비해 여자들이 사회에서 어떤 암묵적인 희생을 요구받는다면 이 라오스식 공산주의는 한낱 그들의 이념에 머물고 말 것이다. 결과가 실패라면 단호하게 인정도 할 줄 알아야 한다.

 비엔티안으로 돌아가는 그녀를 터미널에서 보내고 씁쓸한 마음을 달래려 그동안 별러왔던 라오스에서의 일몰을 보기 위해 푸씨 산을 올라가고자 했으나 아직은 이른 시간이다. 마침 배도 고프고 해서 루앙의 명물이라는 채식 뷔페집을 찾아보았다. 배가 고플 때는 확실히 다른 감정이 들어올 여지가 없는 것 같다.
 채식 뷔페는 어디선가 5천 낍이라고 들은 것에 비해 많이 오른 만 낍이다. 라오스의 물가는 해가 다르게 바뀌고 있다. "내가 라오스에 갔던 3년 전만 해도 말이야" 이런 말은 안 하는 게 좋다. 어느 뷔페집에서는 안경을 낀 주인이 팔짱을 끼고 얼마나 많은 음식을 담고 있나 너무나 근엄하게 쳐다보고 있어 깜짝 놀라 돌아가기도 했다. 적당한 곳을 물색한 후 음식을 담고 귀퉁이로 가서 앉아 먹었다. 처량한 느낌도 들었다. 맛은 잘 생각나지 않지만 식사를 마치고 엄청나게 물을 찾았던 것만은 기억한다. 분명 조미료를 많이 넣었을 것이다. 다시는 먹고 싶지 않다.
 숙소로 돌아오니 조금 피곤하다. 샤워를 마치고 조금 누워 있다가 아무래도 푸씨 산에 가야 할 것 같아 몸을 일으켰다. 만일 내일 넘어갈 서쪽 도시인 싼야부리에서 돌아온 다음 날 푸씨 산에서 잊지 못할 일몰을 본다 해도 오늘 일몰을 못 보면 두고두고 아쉬워할 것 같다는 생각이 들었다. 그만큼 저 멀리 보이는 선셋을 위한 옅은 구름의 집결은 남다른 안목을 갖추고 비밀리에 다가서고 있었다.

 푸씨 산으로 올라가는 길이 반대편에도 있다고 해서 찾아보았으나 어느 누구도 알지 못했다. 처음부터 제 길로 갔다면 시간에 쫓기지 않았을 텐데 막상 반대편에서 올라갈 길을 놓치고 보니 마음이 급해졌다. 일찍 나왔지만 산 주위를 어슬렁거린 탓이었다. 서둘러 다시 시장 쪽으로 발길을 옮겼으나 날이 이미 어둑해지려고 한다. 밤 장사를 하려는 상인들의 좌판을 넘어 산으로 올라가는 계단을 밟는 순간, 계단 아래로 많은 수의 무리가 내려오고 있다.

 "해는 벌써 넘어갔어요."

 "5분 전에 졌답니다."

 다음을 기약해야겠다. 라오스에서 가장 보고 싶었던 푸씨 산의 일몰은 그렇게 다음으로 연기되었다. 좋다. 나도 이렇게 북적이는 분위기에서 볼 생각은 없었다. 산에서 내려오는 사람들은 마치 LG와 두산의 라이벌전이 끝난 뒤의 잠실 구장처럼 계단을 덮고 있었다. 다음에는 좀 더 일찍, 아니 3시에 올라가야겠다.

 내일은 싼야부리로 넘어가기로 했다. 지도에서 보이던 싼야부리의 그 고립적인 모습은 충분히 나 같은 여행자의 발길을 끈다. 싼야부리로 들어가고 나오는 길은 오로지 두 곳, 루앙과 방비엥의 중간 지점에서 이어지는 곳과 빡뺑에서 연결되는 곳이 있다. 나머지는 라오스 내에는 없었다. 여행사로 가서 싼야부리행 버스표를 샀다. 여행사를 통해서 사면 뚝뚝 기사가 직접 숙소로 픽업을 와주기 때문에 사실 무척 편한 시스템이긴 하지만 여행을 너무 편하게 다니면 매너리즘에 빠질 수 있어 이번 한 번으로 마무리하기로 한다. 사실 여행의 참맛은 무거운 배낭을 메고 새벽 거리로 나와 차를 타러

홀로 걸어가는 것에 은밀하게 숨어 있지 않은가.

　늘 다니던 길 반대쪽으로 아침 길을 산책하다가 어디선가 밥이 내 앞에 떨어지는 바람에 그 지점에서 산책을 멈추고 돌아왔다. 찹쌀밥이 뭉쳐져 떡만 한 것이 정확히 내 앞으로 떨어졌는데, 고의인지 아닌지 정확히 분간하기 어려워 고의가 아닌 것으로 생각하기로 했다. 그러한 결론은 원래 무척 단순한 법이다.
　어제 새벽 너무 일찍 나온 탓에 탁밧을 기다릴 곳이 없어 막 문을 열고 있던 식당에 양해를 구하고 잠시 앉아 있었는데 그 집에서 아침을 먹었다. 지나가면서 라오인들이 마시는 라오 커피의 색깔을 지나치기는 쉽지 않았다. 옆자리 손님이 얕은 냄비에 특이하게 올려진 계란 음식을 먹는 걸 보고 같은 메뉴를 주문했는데 그냥 프라이가 나왔다. 사람들이 먹고 있는 음식을 가리키며 달라고 한 주문에 다른 음식이 나왔다면 그것은 누구의 표현과 이해의 부족 때문일까?
　어제 예매해둔 대로 싼야부리행 버스에 올랐다. 늦지 않도록 8시부터 대기하라고 해서 기다렸지만 정작 뚝뚝은 8시 반에 왔다. 철자도 발음도 '싸야부리'인데 여기 사람들은 모두 '싼야부리'라고 발음한다. 인도의 '라자스탄'을 모두 '라자흐스탄'이라고 발음하는 것과 비슷하다. 로컬버스로 9시 정각에 출발. 버스에는 커튼이 아예 없어 해가 정면으로 들이닥친다면 정말 방법이 없다.

늦게 와서 미안해,
라오스

Xayabouri
싼야부리

거대한 아스팔트 공원

해와 거리, 그리고 약간의 가게들만이
최소한의 그림이다.
아스팔트로 달구어진 거리는
마치 거대한 인공 공원처럼 보였다.

　버스는 루앙을 지나자마자 비포장 흙길로 진입하고는 그대로 흙먼지 질주다. 전 구간을 통해 아스팔트 길이 없는 것은 아니지만 비포장 흙길이 대세다. 버스가 출발하자마자 안에 가득 찬 흙먼지의 양은 건물의 기초를 다지고도 남을 만큼이 되었다. 내 앞쪽에 앉은 아낙은 거의 1분당 한 번꼴로 흙먼지로 인한 가래를 뱉느라 고생이다. 나머지 승객들도 먼지 때문에 인상을 쓰면서도 아무도 창문을 닫지 않는다. 창문을 닫는 것이 별 도움이 되지 않으리라는 것을 모두들 알고 있는 것 같다. 때때로 보이는 루앙과 싼야부리 구간의 자연은 이제껏 라오스를 다니면서 본 풍광 중에 단연 돋보였다.

　운행 시간이 고작 네 시간이라는데, 절대 그럴 리가 없다. 중간에 뜻하지 않게 강을 건너는 짤막한 코스 이후의 지루함까지 더해 절대 쉬운 구간이 아니다. 그리고 만일 우기라면 위험성도 물론 같이 염두에 두어야 한다. 이 구간이 네 시간이라니 무슨 매직로드 체험 같다. 실제 걸리는 시간은 분명 여섯 시간 이상이다.

　버스에서 내리자마자 언제 탔는지 외국인 커플이 있어 인사를 나누었다. 북아일랜드 출신인 여자와 일본 영국 혼혈의 남자로 부부다. 상하이에서 일을 하고 있다는 그들과 시내까지 5천 낍의 차비를 줄이기 위해 썽태우를 합승했다.

남자는 영국 출신이긴 하지만 일본어로 소통하는 것에는 문제가 없다고 했다. 나는 얼마 전에 어디선가 들은 "소치키 고레와 기세키다 솔직히 이것은 기적이다"를 말했고 그도 너무도 정확한 발음과 뉘앙스로 "나는 술만 마셔요"라는 한국말을 해 둘이 잠시 낄낄거렸다. 북아일랜드 부인은 남편의 이런 철없는 농담이 싫은 눈치였다. 남자가 순간 불쌍했다. 그러고 보니 그녀는 여행과는 어울리지 않는 프렌치 후드풍의 모자를 쓰고 있다. 적당한 지점에 내려 그들과 의도적으로 헤어진 뒤 허기를 달래기 위해 식당부터 들러 고기 색깔이 하얀 돼지고기 볶음밥을 먹었다.

가방을 루앙의 숙소에 맡겨둔 채로 왔기 때문에 짐에 대한 부담은 없었지만 정말 이곳, 그늘이 전혀 없다. 웬일인지 환전소에 현지

Xayabouri

사람들이 모여 있기에 그들에게 숙소를 물어보았더니 모두들 일제히 한 곳을 가르쳐준다. 그대로 찾아가고 있는데, 생각보다 너무 걷는다. 환전소에 있던 한 여자가 직접 차를 몰고 와 소개해준 싼티팝이란 게스트하우스에 묵기로 했다. 여자에게 고맙다는 말을 전하긴 했지만 사실 말한 것보다 훨씬 더 고마웠다.

   에어컨을 안 쓰는 조건으로 6만 낍. 준수하다. 숙소 벽에 붙어 있는 지도를 보니 서쪽으로 조금만 가면 '싸이'라고 하는 이 도시의 상

징적인 탑을 볼 수 있겠다 싶다. 싼야부리에 관한 정보가 아무것도 없다고 해서 방 안에만 있을 수도 없었다. 일단 거리로 나서긴 했는데 정말 뜨겁다. 해와 거리, 그리고 약간의 가게들만이 최소한의 그림이다. 아스팔트로 달구어진 거리는 마치 거대한 인공 공원처럼 보였다. 무작정 걸었다. 거리에도 정말 아무도 없었다. 걸어갈 수 있는 거리였지만 오토바이가 옆을 지나가기에 세워달라고 손을 흔드니 서준다. 말이 통하지 않으므로 싸이를 손가락으로 가리키는

수밖에는 달리 방법이 없었다. 1분이면 올 거리를 30분은 걸을 뻔했다.

좋다. 넓고 한적한 것을 좋아하는 나에게는 최고의 도시다. 조용한 도시 뒤로 저 멀리 산들이 가로막고 있는 형국이라 왠지 예전부터 반골의 고장일 것 같다는 생각이 들었다. 탑 주변에서 잠시 머무르고 있는데 멀리서 오토바이가 달려온다. 느낌상 내 쪽을 향하고 있는 것 같았다.

"어디서 왔니?"

"나? 날 말하는 거니?"

"응. 일본?"

"우…… 아니, 한국인데."

"여기 여행 온 거니?"

"응, 오늘. 하지만 내일 떠나."

"어디로 갈 건데?"

"루앙프라방."

"진짜? 나도 내일 루앙프라방 가는데 같이 내 오토바이 타고 갈래?"

대화는 이것이 전부였다. 이 얘길 하려고 저 멀리서부터 나만 똑바로 쳐다보고 온 것 같았다. 착하게도 생기고 특별히 이상할 것도 없었지만 그래도 처음 보는 사람과 네 시간짜리 흙길을 앞뒤로 꼭 붙어서 갈 수는 없었다. 그리고 이건 너무 빠르다. 넓고도 조용한 싸이에서 호젓하게 불어오는 바람이나 맞으려 했지만 서둘러서 내려와 버렸다. 그가 어떤 호의를 가지고 이 바람 부는 싸이까지 단숨에 달려왔는지는 모르겠지만 결과적으로 불편했다. 그가 정말 나와 아무런 대화나 나누고 싶었다 하더라도 나도 나 나름대로의 시간을

가지고 싶었다. 냉정하게 말해서 내가 그의 말을 들어줄 의무는 없었다. 싸이에서 내려와 힐끗 쳐다본 그의 모습에 약간 미안한 마음도 들었다. 그는 갑자기 방향을 잃어버린 동물의 새끼 같았다.

　내려오는 길가에 있는 작은 대학교에 들어가 보기도 했지만 날씨가 너무 덥고 선생님이 학생들을 향해 열심히 무언가를 가르치고 있어 수업에 방해가 될까 봐 조용히 다시 나왔다. 역시 거의 한 시간을 해에 노출된 채 걸어와 젖은 옷을 빨래하는 것으로 아스팔트 정

원 산책을 마쳤다. 이처럼 그늘이 없는 도시는 다시는 없을 것이다.

빨래를 마친 티셔츠 한 장을 숙소 입구와 조금 떨어진 곳에 널었다. 그러자 숙소의 여직원인 듯한 아주머니가 난리다. 상식적으로 옷 한 벌이 호텔도 아니고 게스트하우스 영업에 방해가 될 정도라고 생각하지 않는다. 그리고 내가 빨래를 넌 곳은 입구의 안쪽에서도 화단 같은 곳이었다. 현관 입구도 아니었다. 여기다 널면 주인한테 혼난다는 표정이다. 그러면서 티셔츠를 걷어 숙소 뒤편에 걸어 놓는다. 그곳은 이미 응달이다. 쨍쨍한 볕에 빨래를 맡기고 싶어 하는 사람은 나뿐만이 아니다. 나는 이런 융통성 없는 사람이 너무나 싫다.

더워진 방 안에 있느니 아예 제대로 더워보자 하는 심정으로 다시 나갔다. 이번엔 남쪽으로 걸어보았다. 아무것도 볼 것 없는 막막한 거리였지만 나쁘지 않았다. 더 이상 아무 목적 없이, 종착점 없이 걷는 것은 무리라는 판단이 들 때 마침 지나가던 썽태우를 잡아 5천 낍에 가까운 사원에 들렀다. 소년들은 널따란 사원 앞마당에서 축구를 하고 있었고 응당 그 근처에 있어 고무줄놀이라도 해야 할 소녀들은 한 명도 보이지 않았다. 어디선가 엄마를 도와 채소를 다듬고 있음에 틀림없다.

서쪽 하늘은 서서히 식어가고 있는 중이었다. 석양이 지는 것을 따라 걸어 돌아가기로 했다. 특별한 예정이 없으면 거의 운영을 하지 않는 것 같은 싼야부리 비행장의 활주로를 걷다 적당한 지점에서 자리를 잡아 석양을 감상하려 했으나 솔직히 뷰포인트가 좋지 않았다. 하지만 나 좋자고 거리의 나무들을 없앨 수는 없는 법이다. 돌아오는 길에 차도에 서서 지나가는 차에게 몇 번 손을 흔들었지만 저녁이 다 된 시간, 집으로 돌아가서 가족과 단란한 저녁 시간을 가지

Xayabouri

고 싶어 할 그들에게 내 일방적인 요구는 사실 예의가 없는 것과 마찬가지였다. 가족과의 저녁 시간은 그만큼 의미가 있는 것이다.

꽤 먼 거리였지만 그냥 걸어 돌아온 후 아까 지도에서 본 시장 쪽으로 다시 올라갔다. 뜻밖에 라오스 여행 중 가장 많이 걸은 날이 될 것 같다. 정말이지 걷는 일 말고는 아무런 동작이 떠오르지 않는 1차원적인 평면 도시다. 도착한 시장은 폐허. 지도를 자세히 보니 '공사 중'이라는 글씨가 조그맣게 보인다. 점심 때 먹었던 식당에 가려고 하니 역시 너무 멀다. 그 방향은 또 동쪽으로 꽤 돌아가야 하는 길이었다. 까마득한 모눈종이 속에서 의미 없이 점 찍기 놀이만 하는 셈이다. 시장을 지나 올라가면 북쪽으로 가는 길이지만 오늘 하루 싼야부리에서 걷기의 그랜드슬램을 이루고 싶지는 않았다. 억지로 의미를 붙이자면 '무의미'가 그나마 가장 가까웠다. 때마침 도시는 어두워졌고 친절하게 허기가 찾아와 주었다.

숙소 앞의 조그만 반찬가게 같은 곳에 들어가니 음식이 다 팔렸단다. 쟁반에 보기 좋게 세 봉지가 남아 있었는데 누군가 가지러 올 거라는 제스처를 보였다. 할 수 없이 아까 점심을 먹은 식당으로 가려다가 뒷길에서 다행히 노점을 발견했다. 가로등이라고는 전혀 없어 겨우 밝혀놓은 촛불로 그나마 그곳이 음식을 파는 곳이라는 것을 알 수 있었다. 식탁도 단 하나. 인스턴트 면 음식을 시켰다. 제발 짜게 하지 말아달라고 갖가지 몸짓으로 얘기했는데 역시 짜게 나왔다. 아직 라오스에서 그들이 즐겨 먹는 오징어 소스 같은 것에 대해 약간의 거부

감이 있어 하필 골고루 면에 밴 그 소스를 후루룩거릴 자신은 없었다. 너무 짜다. 결국 까오냐우라오인들의 주식인 찐 밥를 추가해 아까 숙소를 지나올 때 황급하게 챙겨 온 고추장과 함께 비벼 먹었다. 매운 맛과 짠맛, 그리고 끈적이면서도 약간 달착지근한 맛이 어우러지니 도무지 무얼 먹고 있는지 모르겠다. 생크림에 김 가루를 뿌리고 물에 타서 바나나 껍질에 발라 먹는 것 같았다. 계산을 치르고 밤길을 터덜거리며 돌아왔다. 이미 밤이 되었다.

　돌아와 보니 내 옷이 사라졌다. 뒤뜰에 걸어놓은 내 옷은 여직원이 또 뭐가 그렇게 무서운지 30여 미터나 떨어진 뒤쪽의 마구간 같은 곳에 걸어놓은 것이었다. 그리고 그것은 이미 오랫동안 바닥에

> 난 달의, 보름달의 아름다움을
> 이제껏 완전하게 모르고 살았다.
> 해의 이면, 그것은 달의 전부다.

떨어진 채로 있었던 듯했다. 아, 도대체 빨래 공포증이라도 있는 것인가.

씻고 몇 가지를 정리하고 자려다가 바깥에 나가기로 했다. 밤 9시, 동네는 모두 밤맞이에 들어갔고 이런 곳이라면 쏟아지는 별을 마음껏, 정말 마음대로 볼 수 있지 않을까 해서였다. 아까 낮 하늘에 구름이라곤 거의 없었음을 기억할 때 어쩌면 이곳 싼야부리에서 최고의 밤을 맞이할 수도 있겠다는 생각이 들었다. 하지만…….

별을 보려 했던 것은 애당초 불가능한 일이었는지도 모른다. 한국은 오늘 추석이다. 당연히 이즈음의 달은 가능한 자신의 최고의 빛으로 이미 하늘에 자리 잡고 오늘 밤 단 하나의 주인공임을 만끽하고 있었다. 주변의 별들은 애석하지만 오늘만큼은 보름달의 들러리로 스스로도 빛을 낮추었다. 가로등이 없던 거리는 보름달의 빛만으로도 충분히 눈부시게 밝아졌다. 싼야부리에서 보름달을 쳐다보는 것도 무수히 떠 있는 별밤을 능가할 만큼 압도적으로 아름다웠다.

난 달의, 보름달의 아름다움을 이제껏 완전하게 모르고 살았다. 해의 이면, 그것은 달의 전부다.

아침에 산책 삼아 나와보니 어제 있던 그 흉물스런 시장 건물 뒤로 시장이 열려 있다. 시장은 생각 이상으로 거대했다. 수많은 오토바이와 사람들은 싼야부리가 이 지역 물동량의 중심임을 설명했다. 시장을 한 바퀴 둘러보고 터미널로 향했다. 역시 여자들이 실제 경제생활을 주도하고 있다. 이곳으로 들어올 때 루앙 터미널에서의 표 가격이 6만 낍이었던 것에 반해 나갈 때는 5만 낍이다. 가격이 싼데도 버스의 컨디션은 어제보다 나은 편이다. 돌아가는 길도 역시 똑같이 네 시간, 피곤하기도 마찬가지다. 네 시간 동안 위아래, 좌우로 흔들어대는 형국이니 몸을 차에 맡기는 것 말고는 달리 할 수 있는 일이 없다. 철저하게 라오인의 체형에 맞게 만들어진 버스인지 좌석 간의 간격이 상당히 좁아 나처럼 아담한 사이즈가 아니라면 충분히 괴로울 만한 구조의 좌석에 노선이었다. 버스 안은 멀미를 하는 아낙들 덕분에 아주 불편한 효과음들로 가득 찼다. 멀미의 잔해는 고스란히 버스 안에서 제공된 투명한 비닐봉지 안으로 쏟아져 들어갔고 난 그 봉지와 몇 번이나 눈을 마주쳤다. 흙먼지는 비가 조금씩 와준 덕에 그나마 10분의 1 수준으로 줄었다.

루앙으로 돌아오자마자 시장표 샌드위치를 하나 먹고 루앙프라방의 명소인 사원 순례를 마친 후 드디어 푸씨 산으로 오르기로 했다. 그저께 5시 반 정도에 갔을 때는 이미 늦은 뒤였으니 오늘은 무조건 일찍 오르기로 하고 서둘렀다. 그런데 정작 오르고 보니 겨우 3시 반이다. 내가 원한다고 해서 태양이 급행으로 넘어갈 리는 없었다. 푸씨 산에서 바라본 루앙의 전경이 특별하게 느껴지지는 않았다. 태양이 넘어가는 왼편으로 메콩이 여지없이 흐르고 있고 65만 명이 살고 있다는 루앙은 어제와 다를 것이 없었다.

일단의 태국 여행자들을 만나 사진도 찍고 생각보다 좁은 정상에서 시간을 보내고 있어도 아직 4시 반도 안 됐다. 그나저나 일몰이 다가올수록 서로 좋은 자리를 차지하기 위해 사람들과 시끄럽게 자리다툼을 할 생각을 하니 갑자기 적당한 장소가 아니라는 생각이 든다. 게다가 태양이 떨어지는 지점은 마침 나무들이 거의 하이라이트라고 할 수 있는 부분을 가리고 있어 적당한 곳을 찾는다는 것이 애초에 불가능했다. 솔직히 일몰을 보기 위한 자리로서는 면적도 작고 나무들 때문에 제대로 된 일몰을 보기에는 불편한 점이 있을 것 같았다. 일몰은 마음을 최대한 내려놓고 최고조의 경건한 마음이 들었을 때 접하는 것이라고 스스로 생각해왔다. 푸씨 산에서 석양을 바라보다가 눈물을 뚝 흘렸다는 것은 왠지 석양 이외에 다른 감정의 작용이 보태어졌을 것이라는 느낌을 지울 수가 없었다.

과감히 내려왔다. 거의 라오스 여행의 1순위로 생각하고 있던 루앙프라방, 그리고 푸씨 산에서의 선셋이었지만 마음 한 곳에 자리잡은 불편함은 어쩔 수가 없었다.

좋은 곳을 찾아 나서기로 했다. 꼭 푸씨 산이 아니더라도 태양은 언제 어디서고 반드시 넘어가게 되어 있으므로 차선의 장소가 있는 것도 당연했다. 그리고 찾았다.

메콩이 흘러가는 강가로 식당들이 늘어서 있고 가로수들이 빽빽한 사이로 거짓말처럼 틔어 있던 곳. 나는 그곳에 자리를 잡았다. 보트 유람 흥정이 오가는 선착장이었다. 그리고 그 밑으로 내려가던 계단, 빛은 일찌감치 그곳에 떨어지고 있어 그 자리만 밝게 빛나고 있는 것 같았다. 저런 빛의 색깔을 노란빛이라고 할 수는 없다. 그래서 햇빛이라고 하는가 보다. 아직도 이른 시간이었지만 자리를 깔고 앉았다. 그곳에서 난 한 시간을 버티고 앉아 내가 살면서 항상 수줍고도 어려워하며 떨리는 마음으로 대하던 그것과 조우했다. 그것의 앞에서 항상 그랬듯이 나는 아주 작은 원소였고 그 속에서 불완전하게 소멸되어 타버린다고 해도 기꺼이 경건하게 받아들일 수 있는 의식 속에 잠들어갔다.

페루 아타카마 사막에서의 일몰 같은 광대함과는 달랐지만 라오스건 노르웨이건 강남고속버스터미널의 옥상이건 당신과 마주할 수 있다는 것은 평생에 걸쳐 나를 두근거리게 만든다.

　태양은 마지막으로 서쪽 끝의 하늘을 물들이고는 다음 세계로 사라졌다. 그리고 절대의 감사. 절대의 그것과 마주했기에 당연히 쓸쓸함은 없었다.

　이제 루앙의 저녁은 다시 시작되었다. 시장이 열리고 어두워진 하늘만큼 오토바이들의 불빛도 점차 생기를 찾아가고 있었다.

　시장을 돌다가 몇 가지 반찬과 밥을 사서 숙소에 돌아와 먹었다. 반찬 두 개와 돼지고기 바비큐 조금, 그리고 밥. 반찬은 달걀장조림과 튀김 종류였는데 돌아와서 보니 달걀튀김이다. 수많은 반찬 중에 어떻게 하면 두 가지를 전부 달걀로 고를 수 있을까. 양이 차지 않아 나와서 선지 국수를 한 그릇 더 먹었다. 이제 겨우 현지인들의 붉은 국물 색깔을 흉내 내기 시작한다.

내일은 폰싸완으로 넘어가기로 했다. 이곳에서 하루쯤 더 묵는 것도 생각해봤지만 새로운 도시에 대한 설렘은 또 마음을 조급하게 만든다. 일주일에 두 번 운행하는 야간버스가 마침 오늘 있지만 그렇게까지 서두를 필요는 없으니 오늘 밤은 이곳에서 자기로 한다.

폰싸완행 8시 반 출발 7만 5천 낍. 여행사를 통하면 10만 낍이다. 아침에 혼자 뚝뚝을 타고 터미널로 간다고 해도 샌드위치 값이 남는다. 아무리 돈을 많이 벌어도 이런 식으로 돈을 쓸 생각은 없다.
터미널에서 어제 선셋을 바라볼 때 만났던 '류칭'이라는 이름의 중국 처자와 잠깐 얘기를 나누었다. 아주 예뻤다면 그동안의 일들은 모두 씩씩하게 잊어버리고 그녀가 가고자 하는 방비엥으로 모르는 척 다시 돌아갈 수도 있었으나 오히려 정반대의 북라오스 퐁쌀

리로 가고 싶은 마음뿐이다.

　루앙에서 출발하는 미니버스가 11만 낍인 데 반해 7만 5천 낍의 이 큰 버스는 조금 늦게 도착한다는 전혀 중요하지 않은 이유를 제외하고 너무나 훌륭한 구조의 운송 수단이다. 모르는 사람들과 어깨를 부딪쳐 가며 좁은 미니밴에서 여섯 시간을 보내느니 이렇게 여덟 명밖에 안 되는 승객과 함께 넓고 넓은 버스 안에서 여덟 시간을 편하게, 느리게 가는 편이 백번 낫다.

　버스는 방비엥 쪽으로 빠지는 중간 지점인 므앙푸쿤에 정차해 점심시간을 가지곤 다시 폰싸완으로 향한다. 아직 라오스의 전 구간을 다닌 것은 아니지만 므앙푸쿤에서 넘어가는 길의 장대한 풍경도 상당히 수준급이다.

늦게 와서 미안해,
라오스

Phonsavan
폰싸완

항아리고원과 라오스
최고의 언덕이 있는 곳

여행이라는 거대한 길에서 겨우 말석에 초대되어 걷고 있는
내가 주도적으로 여행을 끌고 갈 수는 없는 법이다.
그저 주어진 대로, 가능한 대로 가면
그뿐임을 안다면 뭐, 크게 조급해할 것도 없다.
어떻게 보면 더 이상 벌레에 물린 자국이 생기지 않는
것만으로도 이미 충분히 의미 있는 하루이지 않은가.

   여덟 시간이 걸린다는 폰싸완에는 조금 늦게 출발했고 중간에 승객을 바꿔 태웠음을 감안해도 오히려 일찍 도착했다. 승객이 많지 않았던 덕분이다. 폰싸완에 도착해 뚝뚝을 타고 시내로 들어갔다. 터미널에 도착하면 가장 먼저 해야 할 일이 다음 행선지로 가는 버스 시간표 확인이다. 이제껏 라오스를 다녀본 결과 숙소에서는 버스 시간표를 거의 모르는 것 같았다. 언급했듯이 라오스를 여행하면서 제일 싫은 시스템이 바로 터미널에서 뚝뚝을 타고 시내로 들어가야 하는 것인데, 아직 나힌이 라오스 내 최고의 여행지로 생각되는 것은 이 부분의 작용도 한몫했음이 분명하다.

   폰싸완은 비극의 도시다. 인도차이나전쟁 당시 북베트남군으로도 불리던 호치민 세력은 중부 베트남으로의 물자와 군량 수송 연계를 위해 폰싸완으로 돌아가는 루트를 라오혁명당의 허락 아래 꾀하고 있었지만 남부 베트남 세력과 미군은 이러한 보급로를 일찌감치 간파, 차단할 목적으로 인구 1인당 0.5톤의 폭탄을 쏟아부었다고 한다. 고스란히 폭탄을 받아낸 폰싸완 지역은 현재 해발 1,800미터가 넘는 빽빽한 산악지대로 둘러싸여 있지만 아직 제거되지 않은 수만 개의 폭탄 및 지뢰로 주변의 거의 모든 산에 들어갈 수 없다고 한다.

폰싸완 시내의 숙소는 대략 열 개 남짓. 고급 호텔부터 게스트하우스까지 급은 다양하다. 몇 군데를 돌아다녀 보았지만 마땅치 않아서 이곳에서 가장 유명한 나이스 게스트하우스에 묵기로 했다. 저녁때 길에서 만난, 루앙에서 같이 넘어온 독일 여성은 8만 낍을 달라고 해 돌아섰다는데, 나에겐 7만 낍을 불렀다가 6만 낍으로 깎아주었다. 뭐랄까, 이상한 승리감 같은 걸 느꼈다.

숙소에서 소개하는 몇 가지 투어 중 그나마 괜찮은 투어를 신청한 후 저녁은 바로 앞 식당에서 우리나라의 비빔국수와 비슷한 꾸아쁘를 라오비어와 함께 먹었다. 느닷없이 왜 고추를 빼달라고 했는지, 고추가 들어 있었다면 훨씬 훌륭한 음식이 되었을 것이다. 이젠 국수를 먹을 때도 고추 두어 개는 씹어주어야 한다.

숙소로 돌아온 후, 침대가 두 개일 경우 어쩔 수 없이 떠오르는

약간의 적막감을 느꼈다. 꼭 누가 있었으면 하는 바람은 아니지만 그래도 가끔 한국 사람과의 대화가 그리운 것은 사실이다.

　이곳은 한국 여행자들이 1년에 100명도 안 들어올 것 같은 폰싸완. 그리고 난 모레쯤 그보다 더 깊숙한 쌈느아로 간다. 오늘 밤은 꿈속에서 친구들과 아무 의미 없이 신나게 떠들고 놀았으면 좋겠다.

　폰싸완은 확실히 이제껏 라오스에서 느꼈던 날씨와는 다르다. '서늘하다'와 같은 훌륭한 우리말이 있기에 겨우 표현이 가능한 것 같다. 폰싸완 지역은 라오스에서 유일하게 건기에 영하로까지 기온이 떨어지는 지역이라고 한다.

8시가 되어 나이스 게스트하우스의 친근한 직원인 '브'에게 오늘 떠나는 투어의 금액인 15만 낍을 냈다. 길 건너편의 폰싸완 호텔에도 투어가 있긴 했지만 이미 어제 브와 얘기를 마친 상태이고 호텔에서 어슬렁거리던 투어회사의 사내는 자만심을 가진 동작과 말투로, 그것도 일본어로 계속 접근해 와 매우 불편했다.

9시 투어 출발. 나를 포함해 영국인 다섯 명과 이탈리아인 한 명으로 팀이 구성되었다. 운전수는 운전만 하고 가이드인 '양씨'가 오늘 프로그램을 책임진다. 양씨 또한 무척 친근한 사람이다. 몽족 출신이라고 소개를 한 그는 투어 시작 전 폰싸완에 있는 많은 관광 코스와 주변 마을까지 연결되는 투어 프로그램을 설명해주었다. 어떻

Phonsavan

게 하면 폰싸완으로 많은 관광객을 유치할 수 있을까 항상 고민하는 사람 같았다.

첫 번째 방문지는 이른바 '항아리고원'이라고 명명된 유적. 넓게 트인 야트막한 고원에 용도를 알 수 없는 돌항아리들이 곳곳에 산재해 있고 그중 가장 큰 돌항아리의 무게는 3톤이 넘는다고 한다. 아직까지 정확하게 기원이나 존재 이유가 밝혀지지 않은 이 항아리 유적에 대해서는 세 가지 설이 있다. 하나는 오래전부터 몽족들 사이에서 이어져 내려오고 있는 전설이다. 세상이 만들어지기 전에 하늘에서 거인들이 내려와 돌항아리를 자신들의 놀이 도구로 쓰고 인간들이 나타나기 시작할 즈음 그대로 두고 다시 하늘로 올라갔다는 것이다. 다른 것은 대략 2,500년 전부터 살던 이 지역의 라오인들이 그들의 곡식 창고나 술 창고, 아니면 무덤이나 화장 후 재를 수습해 보관하는 기구, 그리고 가끔은 동물의 피를 보관하거나 혹은 죄를 지은 죄인을 가두는 형벌 도구 등 다양한 용도로 썼다는 설이다. 마지막 하나는 얼마 전 유네스코가 연구 발표한 이론에 따른 것으로 단지 무덤이었다는 설이다.

항아리고원 1지역에서 바라보는 평원과 고원의 조합은 아직까지도 라오스에 대해 선뜻 손을 내밀지 못하고 서먹한 감정을 가지고 있던 내 마음을 삽시간에 돌려놓았다. 만일 폰싸완이 라오스의 첫 여행지였다면 이제껏 지나온 빡쎄나 싸완나켓, 방비엥이나 루앙에 대한 나의 접근도 확실히 달라졌으리라 생각될 만큼 이곳에서 바라보는 조망은 어디에서 보던 풍경보다 목가적이고 평온하며 사무치게 고요했다. 이곳이라면 적어도 사람으로 인해 생긴 치유할 수 없었던 마음의 무게 정도는 내려놓을 수 있을 것이다.

항아리고원 주변으로는 베트남전쟁 때 라오인들이 피난처로 사용했다는 동굴이 있었다. 공습 당시 미군이 무차별적인 폭격을 가해 이 동굴에 숨어 있던 현지인들 374명이 그대로 몰살당한 역사가 있다고 한다. 우리나라의 노근리 사건이 오버랩되는 순간이었다. 아직까지 라오인들은 미국에 대해 좋지 않은 감정을 가지고 있다고 한다.

씨엥쿠앙의 지도를 보면 보통 세 구역 정도로만 알려진 항아리고원이 여섯 군데나 됨을 알 수 있는데 양씨의 설명을 들으니 알려진 곳 말고도 아직 개방되지 않은 항아리 유적군이 무려 쉰여덟 군데나 더 있단다. 참고로 이러한 항아리 유적은 남부 라오스의 아따푸 지역에도 비슷한 데가 있다고 하는데 폰싸완에서 남부 라오스까지 이러한 유적이 넓게 분포되어 있다면 이런 돌들을 다듬을 만한 많은 수의 인구가 살았겠고, 저 수많은 밀림 속 아득한 곳에 아직 인류에게 알려지지 않은 신비스런 왕조의 유적들이 널려 있지 않을까 하는 생각이 든다. 절대로 없을 리가 없다. 더구나 몽족은 본토 라오인들과 달리 대대로 가급적 산 위에서 생활해오고 있다는데, 그렇다면 분명 저 밀림들은 많은 것을 감추고 있을 것이다. 현 세기가 가기 전에 라오스의 새로운 비밀 왕조가 발견되었으면 하는 마음 너무나 간절하다.

두 번째 방문지는 라오 전통 술을 만드는 양조장. 양조장이라고 말하기 어려울 정도로 소규모지만 초로의 노인이 만들어내는 술만큼은 명성이 높아 일반 상점으로도 팔려 나간다고 한다. 갓 정제되어 나온 따뜻한 주정의 맛은 한 모금을 마셨을 뿐이지만 온몸을 덥혀주었다. 훌륭한 술은 확실히 몸 구석구석 내부의 장기들을 쓰다듬고 보듬어준 뒤 사라지는 것 같다. 라오스의 결혼식에 빠질 수 없는 이 술은 결혼식 당일 남자가 마시고 거의 만취 상태가 되지 않으

갓 정제되어 나온 따뜻한 주정의 맛은 한 모금을 마셨을 뿐이지만 온몸을 덥혀주었다.

면 여자를 사랑하는 마음이 없다고 간주, 무조건 많이 마셔야 남자가 진정 아내를 맞이할 수 있는 조건을 갖춘 것으로 여긴다고 한다. 어떻게 보면 결혼 의식의 하이라이트라고 볼 수도 있겠다.

항아리고원 1지역이 폰싸완 시내에서 얼마 떨어져 있지 않은 8킬로미터이곳도 공포의 8킬로미터!의 거리로 자전거를 타고 다녀올 수 있는 반면에, 2지역의 거리는 20킬로미터나 돼서 오토바이라면 몰라도 자전거로의 이동은 상당히 소모적인 방문이 될 것 같다. 폰싸완이 고지대이므로 언덕과 고개의 굴곡도 많은 편이다. 당연히 32킬로미터 거리에 있는 3지역은 우기의 중심에 있다면 거의 불가능할 것으로 보인다.

2지역의 넓이는 1지역에 비해서 좁은 편이나 수령이 몇백 년을 넘어 거의 천 년 단위는 족히 될 것 같은 나무가 항아리를 뚫고 자라고 있는 형국들이 보여 좀 더 돌항아리에 대해 시간적인 인식을 할 수 있었다. 양씨의 말에 따르면 입구에 있는 큰 항아리 앞에서

Phonsavan

몽족의 한 스님이 입적을 한 후 그곳에서 나무가 자라났다고 한다.

항아리고원 3지역을 방문하기에 앞서 점심으로 국수를 먹었다. 통일된 점심 메뉴에 불평하는 사람은 없었다. 영국인들은 의외로 쿨한 구석이 있는 것 같고 또 반대로 말하면 약간 단순하기도 한 것 같다.

모든 입장료와 성능 좋은 밴으로의 이동, 그리고 영어 가이드와 점심 포함에 15만 낍이면 아주 합리적인 가격의 투어라고 생각된다.

영국인들은 각자 리버풀과 아스널, 토트넘과 울버햄프턴의 팬이었고 이탈리아인은 라치오의 팬이었다. 약간의 축구 얘기와 각자의 여행담들이 오갔고, 한국이란 나라에 대해 관심을 가지고 물어온 사람은 없었다. 어째서 한국이라는 나라가 이토록 여행자들에게 아무 매력이 없고 알려지지 않았는지 정말 국가적으로 고민하고 반성해야 한다.

식당 뒤로 조용히 언덕을 올라 돌항아리 유적 3지역에 다다랐다. 얼핏 항아리고원만 방문하는 지루한 투어처럼 보일 수도 있겠지만 각각의 언덕에서 바라보는 드넓은 평원에 드리워져 있는 포근함을 경험한다면 다른 말은 나오지 않을 것이다.

각자 자신의 뷰포인트를 찾아 감상과 조망을 마친 후 폰싸완으로 돌아왔다. 소들의 이탈을 막고자 쳐놓은 나무 펜스에 걸터앉아 취하는 극한의 휴식은 폰싸완으로의 여행이 이것으로 전부라고 해도 개인적으로는 불만이 없을 정도로 달콤했다.

내일 폰싸완의 주변 지역인 므앙캄이나 남느 지역으로 이동할 계획이 있어 버스 시간표를 알아보고자 작은 터미널에 먼저 내렸다. 므앙캄은 나이스의 브가 추천해주었고 남느 마을은 양씨가 추천해주었다. 브는 "남느는 볼 것이 없다", 양씨는 "므앙캄은 갈 필요가

이곳이라면 사람으로 인해 생긴
치유할 수 없었던
마음의 무게 정도는
내려놓을 수 있을 것이다.

없다"며 첨예하게 의견이 엇갈려 갈피를 못 잡고 있는데 마침 그곳까지 가는 차량도 썽태우밖에 없단다. 그것도 아침 7시 반 출발. 험준한 산길을 옆으로 앉은 채 네 시간을 갈 자신은 없었다. 썽태우로의 이동은 두 시간이면 족하다. 나는 다소 고통스러운 여행길이 되겠지만 므앙캄과 남느를 지나 쌈느아로 직행하기로 했다. 듣기로는 폰싸완에서 쌈느아로 넘어가는 길이 가장 굴곡이 심하다고 했다. 터미널에 있던 현지인들 모두 뱀이 기어가는 것 같은 동작으로 길을 상징화했고 그런 제스처는 확실히 말 이상의 신뢰도를 주었다. 므앙캄과 남느를 그들에게 물어보았을 때 "이곳까지 와서 남느와 므앙캄을 안 보고 간다는 것은……"과 같은 대답은 조금도 듣지 못했다.

  내일 일찍 일어나려면 짐을 미리부터 싸두어야겠다. 그리고 분실물 없이 정확하게 챙겨야 한다. 나에게는 무척 중요한 일이다. 그래서 벌써부터 어지럽다. 이 좁은 방의 잡동사니들이…….

  새벽에 일어나 짐을 챙기고 아무도 없는 숙소를 나올 때는 약간의 쓸쓸함도 뒤따라오기 마련인데, 이럴 때 환하고 반갑게 맞아주는 사람은 의외로 뚝뚝 기사다. 그와 함께 새벽 거리를 달려 터미널에 도착, 쌈느아행 버스는 일반 버스도 아니고 그렇다고 스페셜 버스도 아닌 미니버스란다. 쌈느아행 길이 구불구불하다는 사람들의 일관된 손동작을 기억할 때 어려운 코스를 불편한 버스를 타고 가게 되는 셈이다. 일곱 시간의 거리, 8시 출발, 7만 낍.

  시간이 남아 우선 터미널 식당에서 치즈샌드위치와 라오 커피를 마셨다. 치즈는 마가린으로 자진해서 대체되었고 흔히 보는 바게트가 아닌 일반 핫도그용 빵이었으나 그냥 먹기로 했다. 빵보다는 라오 커피를 하고 싶었다. 한국의 다방 커피를 열 배 농축한 듯한 라오 커피는 카페인 비중독자인 나에게 과도하게 어필할 정도로 커피로서의 임팩트가 강하다.

  거의 한 시간을 기다린 8시 10분 전까지 버스가 올 생각을 안 하더니 결국 오늘 버스 고장으로 운행 불가라는 직원의 설명이 뒤따른다. 정류장에 나와 있는 승객이 소녀 두 명뿐임을 생각했을 때 의도적인 중단이었을 수도 있으나 중간 중간 승객을 태워 가는 라오스 버스의 특성상 순수한 고장일 거라는 생각도 들었다. 직원은 돈을 돌려주며 미안하다는 말을 하지는 않았고 최소한 그렇게 됐다는 표정을 짓지도 않았다. 그는 그저 '버스가 고장 났다네'의 극히 쿨한 표정이었다.

그나저나 갑자기 변수가 생겼으니 무언가를 빨리 결정해야 했다. 나와 같이 쌈느아행 버스를 기다리던 소녀들은 저녁에 운행되는 야간버스를 기다리겠다고 한다. 지금부터 무려 열두 시간씩이나. 야간버스가 있기는 할까……?

작은 터미널에서 7시 반에 출발한다고 들었던 남느행 버스는 이미 놓쳤다. 그래서 네 시간이 걸린다는 남느보다 세 시간이나 더 가깝고 어제부터 계속해서 귓가를 자극하던 므앙캄으로의 결정을 받아들였다. 예정이 틀어졌는데 쓸데없는 활기가 돈다. 터미널을 나와 갑자기 생긴 과도한 호기로 지나가던 트럭을 세워 얻어 타고는 작은 터미널에 들어가 므앙캄행 썽태우 표를 샀다.

9시 출발. 므앙캄까지 가는 길은 폰싸완으로 들어올 때만큼 훌륭

하다. 썽태우도 가볍게 달린다.

므앙캄까지는 한 시간이 걸렸다. 그리고 다시 폰싸완으로 돌아오기로 결정하는 데까지는 30분도 안 걸렸다.

아무것도 없다. 공식적인 터미널도 아닌 일반 공터에 내려진 나는 도시 자체를 이동하려 했기에 짊어지고 온 가방들을 둘러업고 숙소를 찾으러 돌아다녔으나, 정말 그 동네엔 게스트하우스가 단 한 곳뿐이었다. 어지간하면 묵으려고 했으나 너무 형편없다. 5만 낍에 그런 방에서 잘 수는 없었다. 밤 11시가 되었다고 하더라도 폰싸완으로 곧장 돌아왔을 것이다. 아무래도 독과점이다 보니 서비스나 방 내부의 환경은 신경 쓰지 않는 모양이었다. 이곳에서 유명하다는 동굴과 폭포를 가려고 해도 일반 교통수단도 없다. 무언가 좀 더 여행지 같거나 아니면 조용한 마을을 기대했던 나는 갑자기 힘이 빠져버렸다. 이곳보다 더 작은 마을이라는 남느는 어떨까 온갖 그림이 그려졌다. 이 와중에 공터 의자에 앉아 다리를 떨며 건들대던 청년은 자기 트럭으로 100달러에 쌈느아까지 가자고 한다. 100달러? 그러지 말자, 라오스야……. 원래 결정을 하면 바로 움직이는 스타일이라 바로 폰싸완으로 가는 썽태우를 타고 돌아왔다.

썽태우의 기사가 몽족 출신이라 몽족에 대해서 대략의 설명을 들으면서 올 수 있었다. 몽족은 19세기 초에 중국 서남부에서 건너온 현 라오스의 소수민족이지만 쌈느아 및 라오스 최남단인 씨판돈까지 전국 각지에 뿌리를 내리고 있는, 이를테면 라오스 내 소수민족의 최대 그룹이며 폰싸완은 몽족의 최대 거점도시로서 몽족이 총 주거 인구의 40퍼센트에 육박한다고 한다. 몽족은 산 위에서 생활하기 때문에 평지에서 생활하는 라오스 민족과 우선적으로 분류되고 생김새도 다소 둥그런 인상의 라오인들보다 좀 더 세밀한 느낌

이다.

 나이스 게스트하우스 앞에 내렸으나 특별히 비용 지출이 없어 좋은 환경에서 지내고자 바로 앞 폰싸완 호텔로 향했다. 험상궂게 생겼지만 웃는 얼굴이 너무나 순박해 보이는 직원이 8만 낍을 부른다. 이름이 우선 호텔이니 방은 훌륭했다. 하지만 8만 낍을 선뜻 지출하기엔 망설여진다. 그가 선택을 도와주었다. 6만 낍. 에어컨을 틀지 않는 조건이다. 당연하다. 폰싸완은 심지어 춥다. 오늘이 토요일이라 내심 숙소가 없으면 어떡하나 하면서 돌아왔는데 도시 자체에 아예 사람이 없는 것처럼 한산하다. 몇 시간 사이에 폰싸완은 갑자기 운동장 크기의 마을로 축소되어버린 것 같았다.
 그나저나 그때까지는 쨍쨍하던 햇볕에 기대 몇 벌의 빨래를 했지

만 갑자기 먹구름이 휴지에 물 번지듯 퍼지더니 엄청난 양의 비를 양산해낸다. 비는 이후 무려 대여섯 시간을 계속해서 폰싸완에 집중시키고는 저녁 무렵에 미련 없이 사라졌다.

  오늘 의도하지 않게 하루가 흘러가 버렸다. 여행을 다니는 하루하루마다 조그맣게라도 의미를 두고 싶지만 오늘은 정말 아무것도 기억나지 않는 비어버린 하루가 되었다. 여행이라는 거대한 길에 겨우 말석으로 초대되어 걷고 있는 내가 주도적으로 여행을 끌고 갈 수는 없는 법이다. 그저 주어진 대로, 가능한 대로 가면 그뿐임을 안다면 뭐, 크게 조급해할 것도 없다. 어떻게 보면 더 이상 벌레에 물린 자국이 생기지 않는 것만으로도 이미 충분히 의미 있는 하루이지 않은가.

내일 쌈느아로의 재도전이다. 만일 내일도 버스가 운행하지 않는다면 루트를 바꾸어볼 생각이긴 한데 폰싸완은 밖으로 나가지 못한다면 지형적으로 고립된 곳이고 사실 쌈느아 말고는 주변에 갈 곳도 마땅치 않다. 여행을 다니면서 갈 곳이 없다는 아이러니는 어쩌면 이렇게 무기력하지만 신선하기까지 한 것이냐.

새벽부터 어디서부턴가 기침 소리가 끊이질 않는다. 밭은기침 소리는 하지만 푸른 새벽의 구성에 꽤 어울리는 구석이 있었다. 창밖 거리에서는 걸리지 않는 자동차 시동 소리가 계속해서 불규칙하게 울렸고 이 또한 여명의 공기를 차분하게 깨뜨리고 있었다.
6시. 해는 이미 떠 있는 듯했지만 구름은 아직 해를 허락할 생각이 없어 보였다.
숙소 옆 식당에서 마가린과 기름으로 범벅이 된 오믈렛샌드위치와 함께 라오 커피를 마시고 어제처럼 다시 터미널로 향했다. 7시

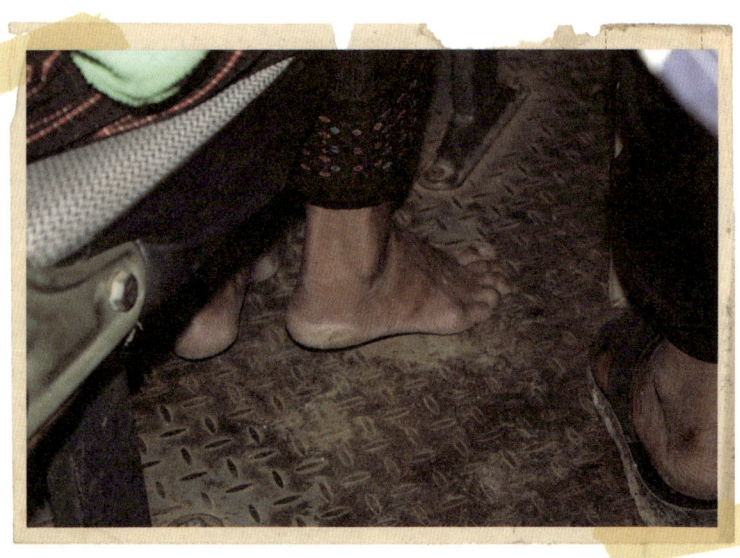

반에 떠난다는 미니버스는 작은 터미널을 떠나 8시에 큰 터미널에서 다시 손님들을 태우고 쌈느아로 향한다. 그러니까 어제 고장 났다던 그 버스가 바로 이 미니버스인가 보다.

차가 출발해서 굴곡 구간으로 진입한 후부터 여기저기서 멀미하는 사람들의 고통스런 소리가 버스 안을 뒤덮는다. 라오스 전국의 구간 중 가장 굴곡이 심한 코스로 이름이 나 있을 법한 폰싸완-쌈느아 구간은 그러나 멀미에 예민하지 않은 경우라면 창밖으로 보이는 장대한 산들과 협곡, 평원 등이 쉼 없이 펼쳐져 힘든 구간이라고 느끼기에는 꽤 오랜 시간이 필요할 것이다.

네 시간이 걸려 어제 오려다 만 남느에서 점심을 먹은 후 다시 굴곡 레이스는 이어진다. 코너를 돌 때마다 앞에서 오는 차량에 신호를 보내는 듯 계속해서 클랙슨이 울리지만 창밖 풍경의 편안함은 나를 무려 두 번에 걸쳐 졸게 만들었다.

해가 뜬 이후 중간 지점에 이르고 이후 다시 해가 넘어갈 때의 두 구간을 보면 확실히 뒤의 구간이 해의 장점을 많이 가지고 있는 듯하다. 오전의 해는 무언가 실용적이지도 않고 그렇다고 다분히 문학적이거나 좋은 의미로 속물적이지도 않은 것 같다. 해의 핵심은 오후에 있다.

의자에 몸을 깊숙이 묻고 비스듬히 창밖을 쳐다보았을 때 마침 유러피언 재즈 트리오의 〈Adagio〉가 흐른다면 어쩌면 잠깐 당신의 콧날이 시큰해질 수도 있을 정도로 지나가는 숲의 나무들이 전해주는 이야기는 슬프도록 유려하다.

만일 당신이 어떤 안식과 절대 아름다움의 언덕을 보고 싶다면 이 구간에서 잠시의 순간만은 엿볼 수 있다. 단, 비가 온 다음 날 말끔한 해가 전제된다면 말이다.

Phonsavan

멀미의 흔적이 담긴 봉지를 몇 번이나 창밖으로 버려내던 소녀는 결국 울었다. 대부분의 여성은 머리를 감싼 채 이 저주스런 구간이 끝나기만을 눈물로 기다리고 있었다. 확실히 열어놓은 창문을 통해서 들어오는 시원한 바람만이 그녀들을 환기시켜줄 수 있었을 텐데 마의 마지막 구간은 폭우로 장식되었다. 그녀들은 모든 것과 싸워야 했다. 멀미는 물론 시간, 공간, 균형, 그리고 비까지. 빗길 막바지 운행에 주의를 요하느라 기사도 조심스레 서행을 하는 통에 시간은 더 걸리고 말았다. 도착 5시 반.

 나는 일어서서 박수를 쳤다. 열 시간이 걸린 이 굴곡 구간은 므앙캄을 떠난 이후 쌈느아의 터미널 입구로 들어올 때까지 완벽하게 이어졌다. 직선 구간은 단 10미터도 없었고 실제 아홉 시간 넘게 길을 지나오면서 마주친 차량도 대략 30여 대밖에 없었던 것 같다.

늦게 와서 미안해,
라오스

Xam Neua
쌈느아

라오 공산당 최후의 저항
그리고 뚭젓의 추억

어두운 밤길에서 일렬로 비추며 따라오던
오토바이의 불빛은 후배 녀석이 라오스에 가면
꼭 보라고 말하던 아름다운 반딧불이보다 더욱 빛나고
아름다운 빛이었다고 자신한다.

Xam Neua

　폰싸완과 쌈느아 구간의 막판에 뜻하지 않게 한국인을 만나 시내로 같이 들어와 같은 숙소에 묵게 되었다. 폭우의 수준은 벗어났지만 세차게 내려대는 비를 뚫고 숙소 순례부터 할 수는 없었다. 만난 분은 이제 막 은퇴를 하고 여행 중이신 멋진 선배님. 그동안 일과 여행으로 수많은 나라를 다녀오신 여행 고수 앞에 나서기가 부끄럽다.
　빗속에 도착한 쌈느아. 어두운 거리에서 대강의 거리를 익히기는 불가능했다. 어디가 북쪽이고 태양은 내일 어느 쪽에서 뜰지조차 지금은 모르겠다. 저 멀리 어두운 밤하늘 아래 알 수 없는 망치 소리가 계속해서 들려오고 있지만 내일은 또 쌈느아에서의 일정을 시작해야 한다. 망치 소리인지 설마 새소리인지에 잠을 설칠 시간은 없다. 비가 오고 있어 춥다.
　옷을 다 벗고 잤다. 덥지도 않은 지방에서 윗옷을 다 벗고 잔 것은 어제저녁 식사 때 같이 먹었던 고추 때문인 것 같다. 몸에서 어찌나 열이 나는지 거의 바닥에 내려와 잘 판이었다. 덕분에 잠이 깬 새벽에는 덥혀졌던 열이 식어버리는 바람에 감기에 걸린 상태로 일어나게 되었다. 왠지 바보 같은 새벽이었다.

이제껏 한 번도 입지 않아 '도대체 이 무겁고 부피가 큰 옷을 왜 가져온 걸까?'라며 달갑지 않은 눈으로 쳐다보곤 했던 후드 외투가 드디어 제몫을 할 때가 왔다. 참담하고 억울했던 시절은 모두 날려버리고 그 옷은 내게로 와서 나를 따뜻하게 덮어주었다.
　후드 외투를 입고 수건으로 목을 감싼 다음 밖으로 나왔다. 6시가 조금 넘은 시간이었지만 날은 밝아 있었다. 어젯밤 비가 온밤을 관통하며 내린 탓인지 길은 모두 젖어 있었다. 덕분에 구름 사이로 비친 햇빛에 도로는 잠시 밝게 빛나기도 했다. 주변을 조금 걷다가 베트남행 버스가 정차한다는 인도 식당이 있어 가보았지만 문은 굳게 닫혀 있었다. 시장이 열린 공터를 지나 어제 저녁때 선배님이 드시던 닭고기 쌀국수가 너무나 훌륭해 보였기 때문에 바로 그 단 나오 므앙 쌈 식당에서 아침 식사를 했다. 역시 국수 한 그릇이었지만 어딘지 정성이 느껴지는 국수였다. 아직까지는 라오스의 여행지 레이스에서 꼴찌를 꾸준하게 달리고 있지만 국수만큼은 일찌감치 선

두로 올라섰던 타켁의 국수만큼 점수를 주고 싶다. 루앙프라방의 길거리 선지 국수도 아직은 메달권이다.

생각보다 일찍 문을 열어놓고 있던 여행자 안내소로 들어가 몇 가지 정보와 안내를 받았다. 이제껏 다녀본 라오스 여행자 안내소의 직원들은 거의 다 무척 친절했고 또 그 직업을 마음에 들어했다.

쌈느아는 사실 베트남에서 넘어오는 사람들의 도착지로서의 의미만 가지고 있을 뿐, 특별히 여행자들의 관심을 끌 만한 요소는 없는 것 같다. 그리고 베트남 북부를 통해 쌈느아로 들어오는 여행객도 별로 없다. 안내소에 붙어 있던 여러 가지 프로그램도 사실 주변 마을인 비엥싸이와 남느, 그리고 더 깊숙한 곳들을 다니는 트레킹에 국한돼 있다. 직원 역시 쌈느아 자체는 볼 것이 별로 없다고 말한다.

어제부터 선배님과 같이 가보려고 했던 비엥싸이는 이곳에서 한 시간이 채 걸리지 않는 마을. 인구 4만 5천 명의, 우리나라로 치면 서울의 어느 큰 아파트 단지의 전체 주민 수도 안 되는 숫자다. 이 작은 마을은 마을 자체가 소담하고 예뻐서 여행자들 사이에서 새롭게 부상하는 중이라고 한다.

소위 '리틀 방비엥'이라고도 불리는 비엥싸이 입구에 들어선다. 마을 전체를 석회암으로 뒤덮은 특이한 모양의 작은 산들이 둘러싸고 있는 형국이라 아늑한 분위기가 물씬 난다. 마을은 전체적으로 조용하다. 실질적으로 무엇인가 활동을 하고 있는 층인 학생들은 수업을 듣고 있고 아낙들은 시장이나 밭에서 일을 하고 있고 남자들은 알아서 어디론가 가 있거나 아니면 집에서 애를 보며 낮잠을 즐기고 있을 것이다.

쌈느아의 숙소에 짐을 맡기고 왔지만 혹시 비엥싸이가 맘에 든다

면 며칠 묵어갈 생각도 했던 터라 여행 안내소 앞에 있던 숙소를 둘러보았지만 숙소도 그렇고 비엥싸이가 주는 풍광이 기대만큼 환상적이진 않았다. 어딘가의 여행 안내소에서 보았던 그림 같은 산들과 풍광들은 산 위에서 찍은 것들이라 산 아래인 마을에서는 그런 장면을 볼 수가 없었다.

역시 친절하게 맞아주는 여행자 안내소에 들르니 비엥싸이에서 제일 유명하다는 동굴 투어는 9시에 시작해 이미 시간이 지났고 오후 1시에 2차가 있다고 한다. 시간이 남아 다시 입구 쪽으로 돌아가 점심으로 또 국수를 먹었다. 선배님은 아주 잘 드셨다.

비가 온다. 투어에 지장을 줄 정도는 아니었지만 비는 거추장스러웠다.

동굴 투어 시작. 그 전에 비엥싸이에 대해 조금 알아야겠다.

프랑스의 식민 지배와 계속되는 일제의 침략에 민족의 돌파구를 찾으려 했고 일찍이 프랑스와 베트남 유학 시절 사회주의 이론에 심취해 '붉은 왕자'라는 칭호를 받았던 라오스 마지막 왕조의 왕자이자 결국 라오스 초대 대통령으로 추대된 수파누봉은, 걸출한 사상가이자 라오스 지폐의 모든 종류에 도안이 될 정도로 라오스 국민들의 추앙을 받는 싸완나켓 출신의 카이손 폼비한과 사상적인 투합으로 하나의 해결점을 찾으려 했다. 그것은 곧 당시 라오스가 공산주의 국가로 국가의 기틀을 마련해나가는 과정과 시절에 맞물려 1975년에 '라오인민 민주주의공화국'이라는 이름의 결과로 나타났다. 이후 초기 공산주의의 틀을 잡아가는 과정에서 수많은 라오인들이 국외로 탈출을 시도했고, 주변 국가인 태국과 미얀마, 그리고 뜻밖에 많은 수의 라오인들이 남미의 프랑스령 기이아나에 정착, 현재까지 머나먼 남미의 땅에서 그들의 삶을 이어오고 있다.

이 비엥싸이 지역은 그들과 그들을 추종하는 세력이 끝까지 침략국의 색출에 맞서 은거하며 라오스 공산국의 기초를 다져왔던 곳이라 이를테면 혁명의 도시이자 라오스 공산주의의 사상적인 모태가 되는 도시로서 현재는 비엥싸이를 가리켜 'Hidden City'나 'City of Victory'로 부르기도 한다. 초대 대통령과 가장 존경받는 인물이자 3대 대통령을 지낸 인물을 끝까지 지켜낸 이 지역의 주민들은 자부심이 남다르다고 한다.

그래서 동굴 투어는 자연적으로 생성된 동굴을 방문하는 프로그램이 아니라, 자연 동굴이긴 하지만 라오스 공산당의 지도자들이 타국 괴뢰정부에 맞서 라오스의 정체성을 만들어놓은 은신처들을 방문하는 것이 된다. 200여 개가 넘는 동굴에서 은거하며 각각의 동지들은 끊임없는 회의와 사상투쟁을 통해 발전 방향을 모색해왔으며 라오스 인민들의 살길을 끊임없이 고민해왔다. 각 동굴은 라오스 공산당의 핵심 인물이었던 수파누봉, 폼비한, 폼싸반, 봉비칫, 씨판돈 등의 이름으로 명명되어 보존되고 있으며 포린 게스트 케이브Foreign guest cave, 뱅크 케이브Bank cave, 베이커리 케이브Bakery cave 등도 같이 보존되어 있어 하나의 작은 국가를 형성한 것 같은 크기를 느낄 수 있다.

피난처와 생활처로서의 동굴을 둘러봄에 있어서 라오스 공산당의 역사가 그대로 감정이입이 되긴 어려워 예정되었던 다섯 개의 동굴 중 세 개만 보고 돌아서기로 했다. 무엇보다 비가 다시 내리기 시작했고 쌈느아로 돌아가는 교통수단인 썽태우의 막차 시간이 3시라는 얘기를 듣고 난 후 마음이 바빠졌기 때문이기도 했다. 원래는 개인적으로 히치하이킹을 해 돌아갈 마음이었으나 빗속에 길가에 맥없이 서서 지나가는 차량을 얻어 타고 가는 것도 갑자기 썩 내키지 않았다. 오후 투어가 3시에 끝이 나는데 돌아가는 차편이 3시에 있다는 것은 납득할 수 없다. 게다가 이곳 여행자 안내소와 썽태우 터미널은 생각보다 길어 20분 이상을 걸어야 한다.

터미널에 도착한 시간은 2시가 조금 넘은 시간. 막차가 3시라는 얘기는 손님이 많을 경우에 그렇다는 것이었는지 2시에 이미 막차가 떠났단다. 정류장에 있던 남자는 어디론가 급하게 전화를 걸더니 이미 쌈느아로 출발한 차를 돌아오게 해 우리는 그나마 그 차를 탈 수가 있었다. 차에 타고 있던 사람들에게 조금 미안하기도 했지만 정작 그들은 그다지 신경 쓰지 않는 것 같았다.

쌈느아 도착 후 베트남행 버스를 알아보려 인도 식당 쪽으로 발길을 옮겼으나 식당에 있던, 인도와는 아무런 관련이 없어 보이는

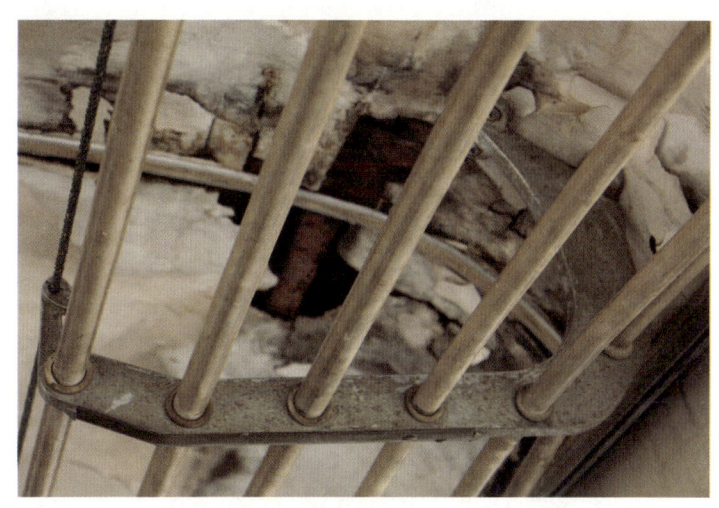

라오스 처녀들이 베트남까지 가는 버스비가 무려 19만 낍이라는, 고급 레스토랑의 메뉴판에서나 볼 수 있는 금액을 알려준다. 물론 국경이 아닌 베트남 내의 어느 도시가 도착지이겠지만 터무니없는 가격임에는 틀림없다. 손님도 꾸준히 없어 보이던 그 식당의 메뉴는 얼핏 200여 개. 과연 그 음식을 모두 만들어낼 수 있을지 의문이다. 김밥천국의 스태프들이 다 들어간다면 모를까.

 저녁은 역시 아침의 그 집에서 선배님과 함께했다. 음식을 앞에 두고 어울리지 않게 여러 가지 이야기가 오갔지만 좋은 의견들을 나누었다.

 폰싸완이라는, 한국 여행객이 드문 곳에서 만나 쌈느아까지 여정을 함께한 그 선배님과는 고비 사막이 되었든 터키의 어느 구석 마을이 되었든 언젠가 다시 만나게 될 것 같다. 그때까지 건강하시길 바란다.

 내일 다시 비자 문제로 베트남을 넘어갔다 온다. 원래 예정 기간

인 열닷새를 크게 밑도는 12일째에 두 번째 국경을 넘는 것이나 일정에 얽매일 필요는 당연히 없다. 이곳이 나힌처럼 내 의지를 넘어 나를 붙잡는다면 반가울 일이겠으나 아쉽게도 쌈느아가 주는 의미는 깊지가 않았다.

이곳에서 대도시로 나가는 버스는 모두 아침 8시 출발이라 내일 베트남에 다녀온 후 쌈느아에서 하루를 더 묵고 라오스 북부 여행을 시작할 계획이다.

언제쯤 난 라오스에서 마음을 놓을 수 있을까?

비엥통, 농키아우와 므앙응오이, 우돔싸이와 퐁쌀리, 그리고 루앙남타와 므앙씽, 마지막으로 서쪽 국경 마을인 훼이싸이가 남았다. 아직까지 라오스 여행이 실패라고는 생각하지 않는다. '실패한 여행'이라는 말이 무슨 뜻인지 조금 애매하기도 하지만 지금 시점에서 확실히 이런 주제를 나에게 던지지 않을 수 없다.

"넌 지금 단지 여행을 다니고 있을 뿐이다. 그뿐이다."

기상. 라오스의 매력 중에 하나는 단연 새벽의 기운인 것 같다. 새벽에는 이상하리만큼 마음이 놓이는 느낌이 있다. 쌈느아의 새벽은 다른 도시들보다 일찍부터 시장이 열리는지 벌써부터 분주하다. 6시가 되기도 전에 모두들 장에서 하루 일과를 준비하고 있다.

숙소에 있는 안내 책자에는 베트남 국경 마을인 나메오까지 가려면 큰 터미널에서 준비하라고 되어 있다. 친절하게 7시 10분이라는 구체적인 시간과 함께. 농키아우로 떠나시는 선배님과 같이 차를 타고 6시 반도 되기 전에 터미널에 들어섰더니 창구에는 아무도 없고 어디론가 가려는 사람들만이 대기하고 있다. 그런데 모두들 나메오로 가는 차는 이곳이 아니라 작은 터미널에 있다고 한다. 창구

직원에게 물어보려 했지만 만약 7시 10분에 작은 터미널에서 떠나는 것이 맞는다면 서둘러야 할 것 같아서 선배님에게 인사를 하고 작은 터미널로 향했다.

  작은 터미널로 부랴부랴 왔지만 매일 그 시간에 떠난다는 차는 썽태우고 뭐고 아무것도 없다. 7시 반 정도에 출근한 직원에게 겨우 확답을 듣고 기다리기로 했다.

  결국 안내 책자에 나와 있는 7시 10분이 아닌 8시가 조금 넘은 시간에 봉고차가 왔다. 어제 들렀던 비엥싸이를 지나간다. 확실히 비가 오기 전의 비엥싸이와 볕이 아주 잘 스며드는 비엥싸이는 완전히 다른 마을이었다. 비엥싸이를 통과하고도 한 시간 반을 더 달려 드디어 라오스 국경 마을인 남쏘이에 도착. 두 시간 거리에 5만 낍이다. 폰싸완에서 쌈느아까지 7만 낍인데 말이다. 버스비가 비싸다고 어필했지만 돌아가는 길은 3만 낍에 해주겠다는 절정의 영업

행각. 그러고 보니 아까 중간에 내렸던 아낙과의 언쟁도 결국 차비 때문이었나 보다. 기사는 그녀의 집까지 들어가 뭐라고 한바탕 한 후에 나왔는데 원하는 액수를 받은 것 같지는 않았다. 그 돈을 지금 내가 보태고 있다는 생각이 든다. 별수 없이 기다려달라고 했다.

　국경은 한적하다. 나 말고 이곳을 통과하는 사람은 단 두 명. 라오스 국경을 통과하고 200여 미터 거리를 내려가 베트남 국경에서 도장을 받고 잠깐 베트남 지역에서 국수 한 그릇을 먹고 다시 돌아왔다. 나가고 들어오는 데 있어 양쪽 관리들의 장난은 없었다. 단지 의례적인 질문과 서류 작성뿐. 모든 것이 순조롭다.

　그러나 이제부터가 문제였다. 돌아가는 차편이 없다. 지금 시간은 11시. 버스가 오려면 3시나 되어야 한다고 한다. 아까 나를 싣고 왔던 봉고차는 이미 사라졌다. 고작 국경을 통과하고 국수 먹으러 다녀온 시간으로 40여 분이 지체되었을 뿐이다. 국경에서 40분은 무얼 하든지 간에 걸릴 수 있는 시간이다. 정말 야속하다.

　게다가 양쪽 국경은 11시 반부터 1시 반까지 무려 두 시간 동안 점심시간. 잠정 폐쇄다. 국경의 폐쇄 시간을 지역 주민들은 모두 알고 있는지 사람의 기척이라곤 거의 없다. 보통 아낙들은 별문제 없이 오고 가는 듯 점심시간 때 대략 열 명 남짓한 양국의 사람들만 조용히 통과했다. 마찬가지로 베트남 쪽에서 코를 바닥에 끌며 개 한 마리가 오고 있었지만 내가 휘파람을 불자 슬금슬금 베트남으로 되돌아갔다. 해는 바짝 타고 있는 상태. 이곳에서 난 아무런 할 일 없이 무려 세 시간 반을 기다려 2시 반에 베트남에서 넘어오는 버스를 가까스로 탔다. 베트남 버스도 입국 수속을 해야 해서 결국 3시가 되어서 버스는 떠났다. 인생에서 가장 무료한 시간이었던 것 같다.

　버스를 타고 돌아오는 것은 감사할 일이지만 베트남 기사의 운전은 정말 다시는 경험해보고 싶지 않은 거칠고 괴팍하고 미친 것 같은 운전이었다. 이런 좁은 시골길에서 그런 식으로 운전을 하다간 필시 나중에 무슨 일을 일으키고 말 것이다. 세상에서 제일 험난할 것 같은 코스인 방글라데시와 인도의 어느 산악 구간을 가는 일이 있더라도 다시 이 버스를 타는 일은 없을 것이다.

　쌈느아에 도착한 시간은 어느덧 5시. 다행히 터미널이 아닌 숙소 근처 베트남 식당 앞에서 하차했다. 너무 피곤하다.

　개인적으로 '국경을 넘는다'라는 말에 묘한 끌림이 있어 의도적으로 쌈느아에서 넘어간 부분이 있지만 사실 여러 면에서 보건대 쌈느아에서의 국경 넘기에 특별한 점이 있는 것 같지는 않다. 태국 농카이의 경우 라오스에 비해 잠시나마 상당한 문명(?)의 혜택을 누릴 수 있지만 이곳은 단지 몇 개의 가게만 있는 국경 마을일 뿐이고 베트남의 도시로 가려면 이곳에서 다시 몇 시간을 달려야 한다.

비용 면에서도 비엔티안에서 30일 비자를 받는다면 30달러를 내면 되고 그것은 24만 낍이니 오늘 내가 차비로 지출한 총경비인 12만 낍과 여타 무의미한 이동 시간을 계산한다면 이곳에서 국경을 넘는 것은 추천하고 싶지 않다.

어찌 됐건 라오스 3기 여행의 시작을 자축하는 의미로 맥주를 마시러 다시 나왔다. 오늘은 좀 마셔줘야겠다. 비자를 해결하고 샤워까지 마치니 뭔가 산뜻한 기분이다.

허술한 식당에 들어서니 젊은 연인들이 먹음직스러워 보이는 고

넌 지금 단지 여행을
다니고 있을 뿐이다.
그뿐이다.

기를 담은 접시를 두고 맥주를 마시고 있기에 같은 것으로 시켰다. 옆 테이블에서는 일단의 남자들이 술판을 벌이고 있다. 먼저 맥주 한 캔을 그대로 마셔버렸다. 나에겐 흔치 않은 일이다. 이어 음식이 날라져 오고 아까부터 눈이 마주쳤던 남자들은 나에게 합석을 권했다.

이름을 모두 기억할 수는 없지만 두 명은 경찰, 두 명은 정부 산하 기관에서 일하는 공무원, 그리고 한 명은 의사라고 했다. 그러고 보니 모두 엘리트 분위기가 난다. 금색이 감도는 시계를 찼다든가, 옷도 깃을 세웠다든가 해 라오인들의 차림새와는 사뭇 달랐다. 말도 안 되는 라오어와 영어가 뒤섞이고 맥주가 계속 추가되었다. 처음에 몇 점 집어 먹던 고기는 먹을수록 접해보지 않은 맛이 나기에 물어보니 다름 아닌 '바'라는 개.고.기.란다. 간이며 창자며 갖은 부위가 참 골고루도 나왔다. 원래 개고기를 먹지 않기 때문에 젓가락을 놓았고 안주로는 푸성귀만 먹었다.

난 여기서 그만 또 술을 섞고야 마는 저질스러운 행동을 해버렸다. 라오라오를 한 병 시켜 라오라오와 맥주를 섞은 '라맥'을 선보인 후 라오 말로 '뚭젓'이라고 하는 건배를 외치며 술잔을 돌리고 또 돌렸다. 실컷 맥주를 마시던 경찰 친구는 익숙지 않은지 살짝 넘어오는 내용물에 어쩔 줄 몰라 했고 바로 옆 친구는 두 잔 마시더니 갑자기 약속이 있다며 바로 일어서서 집으로 가려 했다. 당연히 모두들 그를 잡았다. 같이 마시자는 얘기보다는 너만 빠지냐의 분위기가 우세했다. 구호를 외치듯 "마셔라! 마셔라!"그들은 "쑥! 쑥!"이라고 했다가 한국에서처럼 술집에 퍼졌고 라오라오가 한 병 더 추가되고 우리는 조금 더 즐거워졌다. 금방 친구가 되었다. 남자들은 이렇게 단순하기 짝이 없다.

라오스 사람들이 술을 마실 때 잔 하나로 돌려 마시는 이런 친근한 주법은 확실히 술자리의 분위기를 돋우는 데는 효과적이고 또 실용적이라고 아니할 수 없다.

 계산을 치르고 그들은 나에게 뻬땅을 하러 가자고 했으나 판이 이어지면 여행 일정에도 무리가 따를 것 같아 정중하게 돌아섰다. 돌아서는 나를 '라스'라는 의사 친구가 자신의 오토바이에 태워 숙소까지 데려다 주었고 나머지 친구들의 오토바이들도 일제히 방향을 돌려 모두 따라붙었다. 어두운 밤길에서 일렬로 비추며 따라오던 오토바이의 불빛은 후배 녀석이 라오스에 가면 꼭 보라고 말하던 아름다운 반딧불이보다 더욱 빛나고 아름다운 빛이었다고 자신한다.

 앞으로 남은 평생에 한 번이라도 쌈느아를 배경으로 하는 꿈을

꾸게 될지는 모르겠지만 만약 그렇게 된다면 비엥싸이의 야트막하고 아담한 산세도 아니고, 폰싸완에서 넘어올 때 바라본 그 아름다웠던 언덕들도 아니고, 오로지 이들과의 오늘 자리가 등장했으면 한다. 그때 또 우린 다시 라맥을 마시며 즐거운 시간을 가질 것이다.
고맙다. 라스, 그리고 나머지 친구들도 모두…….

이러면 곤란하다.
큰 터미널에 베트남으로 가는 버스가 있다. 어제 국경에서 타고 왔던 그 버스가 오늘 아침 베트남에 가려고 그 시간에 정류장에 떡하니 서 있다. 어제 그렇게 베트남 가는 버스가 없다고 말한 사내들은 뭐였을까? 물론 베트남 국경 마을인 나메오까지 정확히 가는 것

은 아니다. 하지만 어차피 목적지가 베트남이라면 국경을 지나가기 마련일 텐데 어제의 그들은 내가 정확히 나메오에 가는 차만을 찾고 있었다고 생각한 모양이다.

　일찌감치 농키아우로 가는 버스는 타지 않기로 마음먹었다. 열두 시간의 거리. 중간에 변수가 생긴다면 열네 시간도 가능한 구간이라고 어제 여행자 안내소에서 들었다. 직선 도로도 아닌 곳에서 열두 시간 이상이라면 몸에 당연히 무리가 간다. 일부러 그렇게까지 할 필요는 없다.

　버스 노선은 쌈느아를 출발해 농키아우, 루앙, 방비엥을 거쳐 비엔티안으로 가는, 마치 마오쩌둥의 대장정과도 같은 험난한 여정. 시간으로만 따져도 서른 시간 이상이 걸리는데, 운전이 가능한지나 모르겠다.

　잘라 가기로 했다. 지도를 보니 중간 지점에 후아몽과 비엥통이 있다. 앞 마을에는 선사시대의 고인돌 유적이 있고 비엥통에는 온천이 있다고 한다. 후아몽까지는 네 시간, 비엥통까지는 여섯 시간. 잘라 가기에는 아무래도 조금은 더 가는 비엥통이 낫겠다 싶다.

　후아몽에서 조금 더 간 지점에서 폰싸완 쪽으로 빠지는 길과 농키아우로 가는 길은 나뉜다. 폰싸완에서 오는 길에 보았던 장관의 평원과 산들에 비해 농키아우로 가는 1번 국도의 길은 약간 느낌이 달랐다. 숲에 가까운 밀림. 끝없는 숲은 대서사를 이루고 있다.

　저 속에 아직 원령공주가 살고 있다면 얼마나 좋을까……

늦게 와서 미안해,
라오스

Vieng Thong
비엥통

전원의 소품

숙소 2층의 뒤편으로 나가면 바로 앞에
펼쳐진 가지런한 논은 햇빛에 반짝반짝 빛났고
바람이라도 불면 물결치듯 일제히 사르륵 기울었다.
그 사이로는 소박한 개울이 흐르고 적당한
높이의 산이 뒤를 받쳐주고 있다.
어린이가 그려놓은 맑은 수채화, 비엥통과의 첫 만남이다.

　버스는 1시가 조금 넘어 도착했다. 다섯 시간 반 정도가 걸린 셈이다. 버스를 같이 타고 온 필라델피아 출신의 마이크와 함께 시내로 걸어 내려와 나는 뒷문을 열면 거짓말같이 아름다운 전원이 펼쳐지는 5만 낍짜리 방을 잡았고, 마이크는 좀 더 저렴한 곳을 찾아 다른 곳으로 짐을 메고 떠났다. 나는 이곳이 금세 좋아져 버렸다. 숙소 2층의 뒤편으로 나가면 바로 앞에 펼쳐진 가지런한 논은 햇빛에 반짝반짝 빛났고 바람이라도 불면 물결치듯 일제히 사르륵 기울었다. 그 사이로는 소박한 개울이 흐르고 적당한 높이의 산이 뒤를 받쳐주고 있다. 어린이가 그려놓은 맑은 수채화, 비엥통과의 첫 만남이다.

　마음이 놓였는지 평상시보다 짐을 심하게 풀어 헤치고 밖을 나섰다. 근처의 탑에 올라 그곳의 관청에서 일하는 공무원들과 가벼운 대화를 나누었고 그들이 추천해준 온천을 찾으러 조금 더 걸었다. 그들은 낯선 이국의 여행자가 신기했는지 내 주위를 떠나지 않고 모두들 조심스럽게 웃고만 있었다. 이런 웃음을 나는 정말 몇십 년 만에 보았다.

갈라지는 길에서 슈퍼마켓에 앉아 있던 사람들에게 물었을 때 그들은 온천까지의 거리가 1킬로미터라고 말했다. 하늘 높이 솟구치며 '1'을 가리키던 손가락의 그 뜨거운 잔영을 기억하고 있다. 그 정도의 거리라면 걷기에 딱 알맞다. 가게 안의 사람들은 'Hot Spring'을 모두 알아들었다. 해는 가장 뜨거운 빛을 발산하고 있었고 그늘이라고는 고작 나무 잎사귀가 가려줄 정도뿐이었지만 해가 등 뒤에 있었기 때문에 걷기에 그렇게 지장을 주지는 않았다. 간간이 지나치는 라오인들과의 눈인사는 발걸음을 더욱 리듬감 있게 이끌었다.

걸을 만큼 걸었지만 표지판이나 온천임을 증명해줄 최소한의 어떤 것도 나타나지 않았다. 태양은 앞과 뒤를 막론하고 자신의 입장에 충실하고 있었다. 지나가는 사람들에게 "핫 스프링!"이라고 외쳤지만 그 말을 라오어로 알아 오지 못한 것은 내 불찰이었다. 어떤 사람은 여기서 다시 5킬로미터를 들어가야 한다고 했다. 그 말은

애써 무시하기로 했다. 조금 더 걷다가 몇 대의 오토바이와 차량을 세워보았다. "핫 스프링"이라며 몸을 씻는 흉내를 내보았지만 나의 연기력이 어색한 탓인지 다들 무슨 말인지 모르는 것 같았다. 그들은 이상하리만큼 무표정했다. 도대체 이 지역에서 가장 유명하다는 온천을 앞에 두고 몸을 씻는 흉내 말고 또 어떤 동작을 해야 알아들을까? 라오스 사람들은 몸을 씻는 동작이 많이 다른 것일까……?

드물게 있던 나무 그늘 밑에서 따가운 햇볕을 피하고 있던 어린 소녀들을 만났다. 그중 한 소녀가 기적같이 샤워 흉내를 알아차려 주었다. 눈물이 날 정도로 고마웠다. 아무 생각 없던 다른 소녀들은 이유도 없이 까르르 웃으며 '아, 그거!' 하는 표정이었다. 제발 낙담스런 이 시점에서 뜬금없는 "Where are you from?"은 물어보지 말아주라. 이미 30분 넘게 헤매고 있다.

한 소녀는 나에게 저만큼 가서 오른쪽으로 들어가라는 시늉을 해주었다. 그곳까지 간 후 그 지점에서 약간 머뭇거리자 소녀들은 팔을 크게 휘저으며 안쪽으로 들어가라고 한다. 그러나 역시 아무것도 나타나지 않았다. 숲으로 실처럼 얇게 난 길을 따라 들어가 보았지만 이상한 민가만 있었다. 은근히 공포스러웠다. 갑자기 불쑥 나타난 개가 짖지 않은 것만도 정말 너무나 감사했다.

다시 나왔다. 다시 물어보았다. 사람들은 꾸준히 길을 지나다녔다. 자전거를 타고 가던 남학생들에게 "온천이 어디 있는지 아니?"와 "그러면 어느 쪽이니?"를 물어보았지만 각각 "예스"와 "노"라고만 답하고 저희들끼리 낄낄거리며 사라졌다. 그럴 만한 나이라고 생각하니 뭐, 대수롭지는 않았다. 마침 트럭이 지나가기에 세웠더니 이번에는 반대편, 그러니까 이제껏 걸어왔던 길로 가야 한다고 힘주어 말한다. 결의에 찬 표정이었다. 다시 돌아서서 걸었다. 이제

Vieng Thong

부터는 해를 정통으로 안고 걷는 셈이다. 이제껏 라오스를 여행하면서 그을렸던 만큼 순간적으로 얼굴이 타는 것 같다. 역시 지나가던 몇몇 사람에게 물어보았지만 한 사람은 다시 반대편으로, 또 한 사람은 바로 저기 있다는 손짓을 한다. 지금까지 겪어본 손짓 중에 가장 안심이 되는 손짓이었다. 그의 손은 걸어가다가 왼편으로 꺾어지라는 지시를 했다. 샛길이 나타났다. 왼편으로 들어갔다. 역시 없었다. 많은 사람이 지나다니기에는 너무나 비좁은 오솔길이었다. 이 길을 따라 이 지역의 명물인 온천이 나타나리라고는 생각할 수 없었다. 다시 걸었다. 오토바이를 타고 지나가는 오십 가까이 돼 보이는 사내의 등 뒤에다 "핫 스프링!!" 하고 소리를 질렀더니 선다. 뭐라고 짧게 말했지만 얼굴을 봐도 온천을 가르쳐주고 있지 않다는 것을 알 수 있었다.

   한참을 헤매다 드디어 그토록 찾아다니던 대망의 온천을 발견했다. 아니, 파이프에서 물이 나오고 있는 곳을 발견했다. 들어오는 길 쪽에서는 보이지 않고 사슴이나 노루 간판만 보이던 그곳. 반대

쪽 나가는 길에서 겨우 힐끗 보이던 그곳. 그곳이 바로 그 진심 어리고 역사적인 온천이었다. 한 형제가 있기에 반가운 나머지 몸을 씻는 흉내를 내며 이곳이 온천이냐고 물으니 역시 못 알아듣고 되묻는 말.

"Where are you from?"

"……"

내가 만일 전 세계의 지배자가 된다면 저 문장을 반드시 금칙어로 만들리라…….

온천이다. 온천 맞다.

파이프를 통해 콸콸거리며 나오는 물에 손을 대보니 정말 뜨겁다. 이 땡볕에 씻고 싶은 생각은 없었다. 날씨가 더운 탓인지 온천을 이용하는 사람도 없었다. 너무나 아쉬운 방문이었다. 솔직히 기대 이하였다. 순간적으로 고인돌이 오버랩되었지만 별수는 없었다. 분명히 고인돌 앞에서도 온천을 그리워하고 말았을 것이다.

해를 안고 돌아오다 너무 볕이 따가워 지나가던 오토바이를 세웠다. 아까 나를 보고 그냥 웃고만 지나가던 초로의 사내다. 진입로까지 그는 친절하게 나를 태워주었다.

"껍 짜이 라이 라이." '매우 고맙다'라는 뜻의 라오스 말

이럴 때의 콜라는 정말 최고의 음료수다. 설사 만 원을 달라고 했어도 2초간 주저하다 사 마셨을 것이다. 콜라를 마시며 진입로를 나오고 있는데 아까는 있었는지 없었는지도 몰랐던 검문소의 군인들이 나더러 그쪽으로 오라는 시늉을 한다. 굉장히 불손하게 의자에 앉은 채로 다리를 벌리고 한 손가락만 까딱이며 말이다. 조금 전에 나를 태워주었던 사내는 그들에게 무언가를 말하고는 만화 속에서나 가능한 희미한 미소로 나를 슥 보더니 가버렸다.

나를 고발한 것이다.

'웬 사내가 카메라를 들고 이곳저곳을 찍으며 길에서 배회하고 있습니다. 난 그저 라오스 공산당의 위대함에 누가 되지나 않을까 하고 투철한 인민 의식으로…… 헤헤, 저기 오는군요. 저놈이올시다. 전 이만. 나중에 배급소에 말 좀 잘해줘요, 헤헤.'

"이봐! 당신 뭐야? 이리로 와봐!"

"예?"

"여권은 어디 있어? 여권 내놔봐."

"여권요? 갑자기 여권이라니……."

"여권 몰라? 패스포트 말이야, 패스포트."

"숙소에 있는데요."

"뭐 하고 돌아다니고 있는 거지? 여권은 왜 숙소에 있어?"

"그냥 여행자인데요. 도대체 뭐가……."

"어, 그건 뭐야. 이리 줘봐."

"카메란데요. 왜요……."

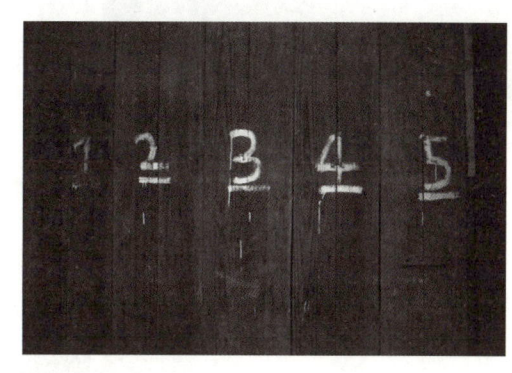

나힌만큼 작은 마을, 밤이면 길가의
빛이 모두 사라지는 마을,
아름다운 벌판과 나직한 산과
실개울의 농경이 펼쳐지는
소품 같은 마을 비엥통.

간간이 지나치는
라오인들과의
눈인사는

발걸음을
더욱 리듬감 있게
이끌었다.

"이리 줘보란 말이야."

"뭐가 문젭니까, 도대체?"

"어쭈, 이놈이 우리 보고 눈을 부라리네. 허허."

"그냥 보낼까? 아님 좀 놀아줄까?"

"심심한데 잘됐지 뭐야? 어디에서 온 놈인지 물어나 보자고. 어디에서 온 녀석이냐?"

"한국 사람입니다. 이봐요, 당신들······."

"야! 라오스 군인을 뭘로 보는 거야?"

"낄낄낄."

"큭큭큭."

그들은 나를 세워놓고는 내 카메라를 이리 보고 저리 보고 찍은 사진들을 마구잡이로 돌려보더니 강압적이고 위압적으로 반장난을 치며 나에게 충분히 굴욕감을 안겨주었다. 무료하고 별일 없는 업무 시간에 나는 아주 재밌는 장난감이 되었다. 중간 중간에 카메라를 달라고 하자 "어어······ 이 손 못 놔?"나 "이놈이 진짜 라오스 군인을 뭘로 보고!"가 충분히 오갔다. 의자에 앉은 채로 타인에 대한 일말의 예의도 없이 가랑이는 아까보다 더 벌어져 있었고 몸은 더욱 의자 깊숙이 파고들었다. 난 이제까지 살면서 이런 식의 모욕을 당해본 적이 없다. 주먹이 쥐어졌다. 일대일이라면 유독 나를 거칠고 장난스럽게 대하는 저놈만큼은 거의 작살을 내줄 수 있을 만큼 분노가 치밀었다.

돌아서서 기도했다. 더 이상 상황이 진전되지 않기만을 바랐다.

필시 "그냥 돌아가서 얌전히 다녀. 괜히 어슬렁거리지 말고"가 마무리였을 말을 듣고 나와 카메라는 석방되었다. 동네 소년들은 어느새 이곳으로 집결, 나는 그들에게 충분히 재밋거리를 선사한 셈

Vieng Thong

이었다.

돌아서서 오는 내내 화가 치밀었다. 그냥 한적한 길을 걸었을 뿐이다. 온천을 찾으려고 했을 뿐이다. 그뿐이다. 뒤를 돌아보았다간 호루라기로 분위기를 험악하게 몰고 갈 우려가 있어 고개를 숙이고는 땅을 보며 그들의 시야에서 사라질 때까지 걷기만 했다. 초등학생이라면 충분히 억울함에 울 수 있을 것 같았다.

정말 더러운 기억이다. 마음에 얼룩이 묻은 것 같다. 이 문제를 이제까지 라오스에 대해 가지고 있던 '별 감흥 없음'과 별개로 가지고 가야 하는 점은 알지만 어쩔 수 없이 같이 묶여버린다.

난 그들에게 잠시 농락당한 것이다. 난 그들에게 조각조각 분해되었고 그들 앞에서 뜻하지 않게 화장도 하지 못한 광대가 되었다.

나의 의지와는 아무런 관련이 없는 막장.

비엥통의 들판이 너무나 아름답긴 하지만 뜻밖의 사건으로 오만 정이 다 떨어져 버렸다. 라오스가 무서워 밖으로 나가기도 싫다. 일찌감치 숙소 앞의 식당에서 생선 튀김과 밥으로 요기를 하고 하루를 마감해버렸다.

솔직히 하루 정도는 더 있을 수도 있었다. 나힌만큼 작은 마을, 밤이면 길가의 빛이 모두 사라지는 마을, 아름다운 벌판과 나직한 산과 실개울의 농경이 펼쳐지는 소품 같은 마을 비엥통.

하지만 내일 떠나기로 한다. 너무나 그녀를 좋아하지만 마치 삼자의 이간질에 사이가 멀어질 수밖에 없는 그런 관계가 되어버렸다, 나와 비엥통의 사이는.

하지만 세월이 지나 너를 다시 찾는다면 분명 그때는 좋은 기억만 가지고 있을 거야. 잠시였지만 그래도 고마웠어. 먼저 갈게.

농키아우행 버스는 오후 12시 출발. 버스는 이보다 이른 11시 반 정도에 터미널에 도착했다. 농키아우로 간다는 미니버스가 대기하고 있었지만 큰 버스를 마다하고 좁은 버스를 타고 갈 이유가 없어 무시하고 있는데 지나가던 사내가 다음에 오는 버스는 없다고 한다. 어제 분명히 쌈느아로부터 올 때는 농키아우를 거쳐 루앙프라방을 들러 방비엥을 지나 비엔티안으로 입성하는 구간이었는데, 그렇다면 그 도시들에 가려고 하는 사람들은 모두 이 미니버스를 타고 가야 한다는 말인가. 머뭇거리고 있는데 벌써 차 위로 올라간 차장이 내게 가방을 달라는 손짓을 하고 있다. 조금 전 다른 버스는 없다고 했던 인물이다. 그래, 가보자.

Vieng Thong

버스의 뒷좌석은 이미 농산물과 공산품으로 가득 찼다. 다행히 뒤쪽의 좌석에는 사람이 없어 생각보다 편하게 시작할 수 있었다. 도착은 4시 반 예상. 그리고 미니버스가 막 출발할 때 뒤에 어느샌가 비엔티안으로 가는 대형버스가 와 있었다.

그나마 비엥통에서 농키아우까지 가는 구간은 힘들지 않았다. 싼야부리와는 비교할 수 없는 네 시간이었다. 비엥통에서 농키아우로 들어갈 때까지 산길 곳곳에 '우리는 이곳에 호랑이가 있음을 자랑스러워한다!'라는 표지가 보인다. 호랑이 200여 마리가 서식하고 있다는 이 구간의 산림은 응당 호랑이 정도는 있어야지 격이 지켜질 수 있을 정도로 웅대하다. 혹시 이 구간을 오토바이나 자전거로 이동하려는 사람이 있다면 반드시 알고 가야 할 정도로 확실히 호랑이가 있어 보이는 밀림 지역이다.

늦게 와서 미안해,
라오스

Nongkiaw
농키아우

1억 개의 별이 쏟아지는
비밀의 밤하늘

얼마 지나지 않은 새벽에 다시 눈이 떠져 테라스로
나가보았으나 이제는 안개인지 구름인지 모를 운무가
뒤섞여 온 마을을 가라앉히고 있었다.
생각보다 농키아우의 그림들이 아주 훌륭하다.
온 마을을 뒤덮고 있는 운무는 계속해서 잠을 이룰 수 있게
도와주었고 이 운무가 걷힌다면 사람들은
모두 저절로 잠에서 깨게 될 것이다.

Nongkiaw

농키아우에 펼쳐진 주변 산들의 아름다운 모습에 도착하자마자 깜짝 놀랐다. 보통 므앙응오이느아로 향하는 중간 기착지에 불과한 마을이라는 인식이었으나 생각보다 훨씬 느낌이 강하다. 산과 강이 함께 이렇게 마을 가까운 곳에 크게 이루어져 있는 것은 또 처음 본다. 농키아우에 머문다면 적어도 한 번 이상은 건너게 될 다리는 마치 한강의 동작대교처럼 길고 한산했으며 또 그것만으로도 농키아우는 벌써부터 훌륭했다.

강가의 선셋으로 숙소를 정한 이유는 전망이 좋은 점이 우선적으로 작용했고, 아까 들렀던 오른편의 숙소들은 가격이 저렴하긴 했지만 그래도 3만 낍의 가격에도 못 미치는 수준이 태반이었던 탓이었다. 하지만 계산을 치르고 들어가 보니 컨디션이 마냥 좋지만은 않았다.

달리 할 일은 없었다. 몇 번이고 다리를 되건너며 시시각각 변하는 농키아우의 모습을 본다든지, 방 안의 벌레나 모기들을 퇴치하기 위해 모기약을 사는 정도가 전부였고 그동안 터져 있던 바지 가랑이와 모자의 이음 부분을 꿰매는 것이 농키아우의 오후를 그런대로 메워주었다. 바늘과 실은 생각보다 유용한 물품이어서 다음 여행 때도 꼭 가지고 가려 한다.

자신을 중국인이라고 밝힌 다리 건너 가게의 젊은 주인은 내게 먼저 일본인이냐고 물었고 그다음 한국인이냐고 물어왔다. 느낌상 '한국인이라면, 아니 일본인이 아니라면 조금 싸게 해주지'의 뉘앙스였던 것 같으나 확실치는 않다. 확실한 것은 싸완나켓에서는 스프레이 모기약을 2만 5천 낍에 샀었다는 것. 그는 성은을 내리듯 호기 있게 1만 5천 낍을 불렀다.

조금 더 걷다가 웬 미쳐버린 듯한 개가 사납게 짖어대기에 그 지점에서 다시 돌아왔다. 아무런 이유도 없이 짖는 것만이 살길이라

Nongkiaw

고 생각하는 듯 너무 짖어대 사실 조금 당황했고 무안했다. 주위 사람들이 모두 나만 쳐다보고 있다. 나는 이런 어정쩡한 상황이 너무 싫다.

　아무래도 숙소에 들어가 정을 붙여야 하는데 자신이 없다. 난 사랑하지 않는 사람과는 절대로 살 수가 없을 것 같다.

　앞 식당에서 저녁을 먹었다. 식당 아들 녀석이 먹고 있던 '통미'라는 인스턴트 라면으로 메뉴를 정했다. 약간 신 김치를 넣은 것 같은 맛의 이 라면은 한국인의 입맛에 가장 근접한 것으로 실제 배추 이파리를 넣고 끓여낸 라면이다. 라오스에 와서 바닥이 보일 정도로 완벽하게 다 먹은 면 음식은 처음이었다.

　　숙소로 들어왔다. 형광등의 촉수가 너무 낮아 산뜻한 분위기가 전혀 이루어지지 않는다. 방갈로이다 보니 벽과 바닥은 우중충한 나무로 돼 있고 무엇보다 중요한 천장 또한 나무로 엮여져 있다. 나란 사람은 어쩔 수 없이 콘크리트와 타일 바닥에 안심을 하는 타입인가 보다.
　　다소 빈약한 프로그램이지만 다시 밖으로 나가 다리를 건너는 것 말고는 농키아우에서 할 일은 거의 없다고 해도 무방하다. 강이 꾸준하게 흘러가고 있었지만 그저 강만 바라본다고 애초부터 없던 무엇인가가 갑자기 나타날 리도 없었다. 다리의 턱에 앉아 멀리서 달려오는 차들의 불빛을 바라보며 꽤 오래 있었다. 조금은 위험하고

아무런 재밋거리도 없는 자리였지만 그래도 왠지 그 자리가 편했다. 누군가 조용히 옆에 앉아만 있어주었으면 좋겠다는 생각이 들었지만 난 어디까지나 혼자다.

일찍 잠을 청하기로 했다. 확실히 라오 커피는 맛이 아주 좋아 자주 마시게 된다. 불면하고도 상관이 없어 부담 없이 마시고 있는 편이다. 잠은 일찍 찾아왔다. 그리고 밤 1시가 넘어 잠깐 깼다.

지금 날씨가 더운 건지 추운 건지 모르겠다. 일단 테라스로 나왔다. 왠지 처음 느껴보는 이상한 기운이다. 어두워진 공간에는 강물이 여전히 정상적으로 흘러가고 있고 팔을 쓰다듬는 듯한 약한 한기가 주변에 스며든다. 갑자기 나만이 혼자 남아 있다는 생각이 미쳤다. 하늘을 쳐다보았다.

그리고 하늘에서 쏟아지던 1억 개의 별들. 그림을 그릴 수도, 사진을 찍을 수도, 누구에게 전해줄 수도 없는 비밀의 하늘, 별밤. 저 멀리 짙은 남색의 우주에서 내 눈동자로 보내주고 있는 별.

숙소에서 나오지 않을 수 없었다. 재빨리 담배를 손으로 낚아챌 수 있었던 것은 다행이었다.

다리를 따라 걸었다. 아니, 조금 빨리 뛰었다. 다리 중간쯤 왔을 때 이제까지 뛰어왔다는 것을 알아채고 조심스럽게 멈춰 섰다. 별이 눈처럼 내리는, 아니 낙엽처럼 쌓이는, 아니 이것은 오히려 별이 지상에서 날아올라 마치 민들레 홀씨처럼 저 멀리 하늘에 촘촘하게 박혀가는 그런 광장의 하늘이었다. 그리고 그 아래 내가 있다. 인간들이 잠을 자고 있는 사이 별들은 어느샌가 마법처럼 하늘을 뒤덮고 자기들끼리 축제를 벌이고 있었다. 별 하늘 아래서 순간, 왈츠를 들었다면 거짓말일까.

다리를 등지고 올려다보다가 잠깐 뒤로 넘어갈 뻔했다. 별은 계

나는 해와 정면으로 상대하는 것을 좋아한다. 얼마간의 더위쯤은 별로 중요하지 않다.

당신에게 별을 볼 자격이 있다면 그 밤하늘은 모두 가져도 좋다.

속해서 나를 불렀고 나는 그것에 이끌렸다. 당연한 반응이었다. 1억 개의 아름다운 빛이 환한 얼굴을 하고 나를 이끌었다. 이대로 360도를 돌아 물속으로 풍덩 빠진다고 해도 물속에서 다시 똑같은 별들과 만날 수 있을 것 같았다.

어째서 하나님은 석양과 별밤과 숲에 부는 바람을 한 장면에 주지 않으셨을까. 천국에 가면 저 장면을 매일 볼 수는 있을까…….

정말 너무나 가슴이 벅차다,
저 별들의 갑작스런 등장은.
정말 너무나 숨 막힌다,
저 별들의 밤의 탄생은.

다행스럽게도 별과 마주하는 시간에 다리에 나와 있는 사람은 아무도 없었다. 이기적이지만 이 대목은 내가 전부 차지하고 싶다.

한결 가벼워진 마음으로 다시 잠을 청했다. 매트의 쿠션은 또 의외로 괜찮은 편이었다.

얼마 지나지 않은 새벽에 다시 눈이 떠져 테라스로 나가보았으나 이제는 안개인지 구름인지 모를 운무가 뒤섞여 온 마을을 가라앉히고 있었다. 생각보다 농키아우의 그림들이 아주 훌륭하다. 온 마을을 뒤덮고 있는 운무는 계속해서 잠을 이룰 수 있게 도와주었고 이 운무가 걷힌다면 사람들은 모두 저절로 잠에서 깨게 될 것이다.

마법의 밤하늘, 그리고 마술의 새벽 농키아우. 오로지 라오스, 이 농키아우에서만이 1억 개의 별이 내릴 것이다. 당신에게 별을 볼 자격이 있다면 그 밤하늘은 모두 가져도 좋다.

그대로 일어나 버렸다. 새벽 5시. 하루를 시작하기에는 이르다. 상쾌한 습기가 거리에 내려앉았다. 또다시 다리를 건넜다 돌아오는 단순한 산책을 했지만 농키아우는 다리 자체만으로도 쌈느아 같은 도시보다 더욱 의미가 있는 것 같다.

어느덧 7시. 결국 잠을 두 번 나누어 잔 셈이 되었지만 오히려 개운하다.

짐을 챙겨 나가기로 했다. 므앙응오이느아로 떠나는 배 시간은 사람들마다 제각각 정보가 달라서 9시부터 11시까지 다양했다. 조금 이른 감이 있었지만 아무래도 숙소에서 마땅히 할 일이 없었다. 배가 떠나는 선착장은 다리를 건너 조금 지나가면 내리막길에 자리하고 있다. 지나가는 사람들이 모두 지금은 배가 없다며 배는 9시도 아니고 10시도 아닌 11시 반에 떠난다고 했다. 근처의 식당에서 샌드위치에 커피를 마셨지만 심각하리만큼 시간이 지나가지 않았다.
    짐을 식당 주인에게 맡기고 므앙응오이느아 다음 행선지인 우돔 싸이로 떠나는 차가 있다는 터미널로 걸어갔다. 이곳으로 올 때의 터미널하고는 또 달랐다. 1킬로미터 거리의 터미널은 아침에 걷기에는 알맞은 거리였다. 마침 지나가는 길에 초등학교와 중학교가 모두 모여 있어 등교하는 아이들로 길은 가득 찼다. 먼지를 일으키며 트럭 몇 대가 지나간 것을 제외하고는 일정 구간은 한적한 편이었다.
    배는 11시 출발이었는데 11시 반이 될 때까지 모두들 기다리고 있는 분위기다. 므앙응오이느아에서 오는 배를 타야 하기 때문에 이쪽의 시간을 맞추기보다는 그쪽의 시간을 먼저 염두에 두어야 하겠다. 배가 도착하고 승선. 발을 뻗기조차 좁은 내부였기 때문에 난 일찌감치 선미로 빠져주는 센스를 발휘했다. 해는 머리 꼭대기 위

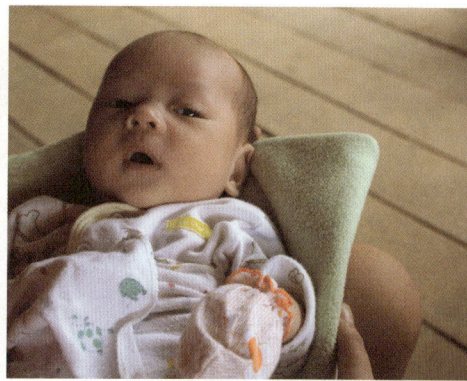

에서 내리쬐는 형국이었지만 난 햇볕을 마다하는 편이 아니다. 나는 해와 정면으로 상대하는 것을 오히려 좋아한다. 얼마간의 더위쯤은 별로 중요하지 않다.

강을 거슬러 가는 배의 맛은 아주 좋다. 햇볕을 그대로 받아 많이 더웠지만, 뒤로 빠진 덕택에 강 앞으로 펼쳐지고 뒤로도 이어지는 강과 그 주변의 경관을 나 혼자 독식할 수 있었다. 아직 그렇게 유명하다는 계림에 가보지는 않았지만 그래도 좋은 경기를 펼치고 있는 것처럼 잘 해주고 있다, 이곳의 경치는.

늦게 와서 미안해, 라오스

Muang Ngoi Neua
므앙응오이느아

라오스 여행의 정점

저녁때는 볶음국수와 함께 형님이 직접 담근 현지 김치와 므앙표 막걸리로 상을 차렸다. 이런 곳에서 그 아까운 김치와 막걸리라니, 아꼈다가 나중에 드시라고 했지만 아낌없이 이미 가져다놓았다. 이 외로운 므앙에서 오랜만에 한국인 동생을 보니 형님도 기분이 좋았던 모양이다.

므앙 도착. 뱃삯은 2만 낍이었다. 한 시간 정도 걸려 농키아우에서 므앙까지 곳곳에 있는 작은 부락들을 거쳐 왔다. 선착장 아래에서 보이던 숲 속에는 이런 곳에서 살고 있으리라고는 믿을 수 없을 만큼 적지 않은 수의 사람들이 살고 있었다.

선착장을 올라오자마자 계단 바로 옆 숙소가 2만 5천 낍. 농키아우보다 좋은 방갈로에 반값의 가격이었으나 조금 둘러보고 온다고 얘기해두었다. 라오스에서 숙소를 미리 고를 필요는 전혀 없다.

한 집 뒤로 가보니 난데없이 '한국인의 집'이라는 푯말이 보인다. 들어가 보니 정말 한국 사람이 주인인 곳. 주인은 비엔티안에서 사업을 하고 있고 '유트'라는 직원이 거의 도맡아서 운영 중이라고 한다. 이곳에 이런 숙소를 지어놓는 사람이라면 왠지 믿음이 간다. 주저하지 않고 묵기로 했다. 전혀 뜻밖의 숙소를 만난 것 같다.

생각보다 훨씬 좋은 방, 환경은 뒤로하고 가격이 3만 낍이다. 전기가 제한적으로 들어오는 곳이라 전등이나 TV, 선풍기 같은 전기를 사용하는 물건은 아예 없다. 나는 방 안에 침대 하나만 깔끔하게 있는 것을 좋아하고 어째서 화장실이 방 내부에 같이 있어야 하는 것인가에 대해서 끊임없이 고민하고 있는 사람이라 전망까지 좋고 나무랄 데가 없는 이곳을 놔두고 다른 숙소에 묵을 이유가 전혀 없다. 2층의 좋은 방을 잡고 테이블에 앉아 주문한 국수를 기다리고 있는데 유트가 한국 사람이 이곳에 묵고 있다고 알려준다. 계속되는 훅과 스트레이트에 정신을 못 차리겠다. 누군지 정말 궁금하다. 혹시 농키아우로 가셨던 선배님인 줄 알고 인상착의를 설명했더니 몇 달째 묵고 있는 사람이란다.

국수의 맛은 더할 나위 없이 깔끔했다. 식사를 마치고 도대체 이 므앙응오이느아에서는 무엇을 해야 하냐고 물으니 몇 가지 투어 프로그램을 설명해준다. 라오스 어디든 여행 프로그램의 80퍼센트 이

Muang Ngoi Neua

상을 차지하는 동굴과 폭포 탐방, 그리고 므앙 주변으로 넓게 퍼져 있는 생각보다 많은 수의 작은 마을들을 방문하는 트레킹이 대세다. 무려 4박 5일짜리도 있다.

식사 후에는 오는 편의 배 안에서 만났던 라오인이 후에버라는 마을에서 작은 게스트하우스를 운영하고 있다고 해서 가볼 작정이었다. 후에버 마을은 므앙에서도 걸어서 한 시간을 넘게 가야 나타나는 아주 작은 마을이라고 한다. 한 시간 정도의 트레킹이라면 해볼 만하다. 아울러 그가 말한 자신의 게스트하우스 가격은 언뜻 납득하기 어려운 만 낍. 1,500원짜리 숙소는 현재 지구 상에는 없는 것으로 안다. 굉장한 타이틀이고 또 참신한 방문일 것 같다.

물과 티셔츠 한 벌, 카메라와 작은 노트 한 권. 출발. 이를테면 점심을 먹자마자 묻지마 트레킹이 시작된 셈이다. 원래 후에버 마을을 꼭 가보리라는 생각은 없었는데 나도 모르게 가고 있다. 하지만

 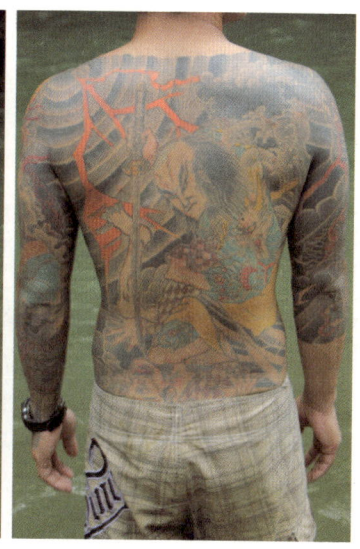

20여 분을 걷자 비가 내리기 시작한다. 게다가 중간에 만났던 마을 사람들은 두 시간이 걸린다는 얘기도 들려주었다. 가장 가까운 동굴까지가 40여 분, 그러고도 한참을 가야 나온다는 분위기. 그렇다면 왕복 네 시간, 그곳에서 잠시라도 머물다가 돌아올 경우 저녁 시간을 넘길 수도 있다. 무조건 철회다. 타국의 초행 산길 트레킹임을 감안할 때 말도 안 되는 이야기다. 자칫하면 밤새도록 걷다 며칠 만에 베트남으로 넘어갈 수도 있을 산속의 오지다, 이곳은.

 빗속의 후퇴라는 아주 훌륭한 결정을 하고 숙소로 돌아와 조금 있으니 일본인인 히로유키와 함께 한국인이라는 인물이 나타났다. 몸 이곳저곳에 있는 문신을 생각지 않더라도 한눈에 봐도 특전부대 이상 출신임을 알 수 있는 포스가 느껴지는 다부진 체격의 형님. 캄보디아와 베트남을 거쳐 약초 연구를 해오고 있으며 글로는 옮기지 못할 특별한 일을 할 때도 있다고 한다. 형님은 영어만 조금 약하지 중국어와 일본어는 물론 캄보디아어와 베트남어까지 구사할 줄 아는 이른바 오지의 엘리트였다. 야성미가 물씬 풍기는 형님은 다행히 나를 반겼다. 일본인 히로유키는 형님과 함께 원하지 않은 전투 트레킹을 하고 왔는지 처음 보았음에도 왠지 살이 빠진 것 같은 몰골이었다. 뒤로 슬쩍 와서는 나더러 저 형님과 같이 다니지 말라고 했다. 물론 우리는 웃었다.

 저녁때는 볶음국수와 함께 형님이 직접 담근 현지 김치와 므앙표 막걸리로 상을 차렸다. 이런 곳에서 그 아까운 김치와 막걸리라니, 아꼈다가 나중에 드시라고 했지만 아낌없이 이미 가져다놓았다. 이 외로운 므앙에서 오랜만에 한국인 동생을 보니 형님도 기분이 좋았던 모양이다. 난 맥주 몇 병을 대접하는 것으로 겨우 체면을 차릴 뿐이었다.

막걸리라니. 김치라니. 이곳에서.

김치는 한국의 그것과 조금도 다르지 않았고 막걸리 또한 냉장이 안 된 실온의 것이라 벌컥벌컥 마시기가 어려울 뿐이지 당연히 훌륭했다. 아, 정말 난 지금 막걸리와 김치를 먹고 있는 것인가. 이 므앙응오이느아에서!

농키아우에서 새벽부터 일어나 아침부터 배회한 관계로 일찍 뻗고 말았다. 솔직히 더 마시고도 싶었고 더 마실 수도 있었으나 처음 뵌 형님과 일본인 유키와 그다지 할 말이 많지는 않았다. 어색한 자리에서 취기가 돌 땐 적당한 시점에서 치사하게 일어서는 나의 술버릇이 싫지 않다. 막걸리와 맥주의 조합인 '막맥'은 사실 나도 많이 접해보지 못한 참신한 혼합주이긴 했다. 그냥 쓰러져 자버렸다. 마지막 계단을 밟고 올라와서 문을 열고 침대에 누울 때까지의 그 짧은 구간의 기억은 없다.

내 인생 최고의 막걸리와 김치에 대한 기억의 밤이 지나갔다. 난 웃으면서 잠이 든 것 같다.

역시 새벽에 일어나 버렸다. 정말 완벽하게 고요하다. 닭들도 아직 울기 전이라 안개가 서린 므앙의 새벽과 강 주변은 충분히 감동적이다. 너무나 조용해서 내가 잠든 사이 모두들 어디론가 떠나버린 줄 알았다. 그림을 그리고 싶었다.

'완벽한 새벽'이란 장르가 애매한 소설 제목이 있는지 모르겠지만 모든 면에서 최고의 새벽이었던 것 같다. 라오스의 새벽은 이제껏 다른 나라에서 접했던 것보다 월등하고 또 어딘지 무척 고급스럽다.

물 한 통을 벌컥벌컥 마시고 새벽 거리로 나가보았다. 새벽 거리라고 할 것도 없다. 500여 미터로 나 있는 폭 5미터의 길이 이 마을

라오스의 새벽은 이제껏 다른 나라에서 접했던 것보다 월등하고 또 어딘지 무척 고급스럽다.

의 길의 전부다. 물론 뒤편으로 이어지는 길도 있지만 그것은 이를테면 공식적인 길은 아닌 것 같다. 새벽 6시였음에도 불구하고 뜻밖에 국숫집이 길가에 있어 생각할 것 없이 앉아 먹었다. 5천 낍. 간단하게 먹기에는 맛도 양도 그만이다. 숙소로 돌아와 다시 샌드위치를 주문해 강을 바라보며 먹었다. 술을 마시고 나면 심하게 허기가 찾아온다. 샌드위치를 넘어 또 다른 국수도 먹을 수 있을 것 같았다.

9시부터는 근처의 동굴로 걸어가는 프로그램을 잡았다. 어제 후에버 마을로 갔던 길로 가면 된다고 한다. 옆으로 웅대하게 서 있는 산의 보좌는 좋은 지도가 되어주었으며 숲 속의 티크목 사이로 비치는 햇빛이 나를 인도하는 것처럼 보였다. 두꺼운 군락으로 이루어진 숲은 전체적으로 바람에 휘어지는 것처럼 보여 부드럽게 느껴졌다. 왠지 소풍을 가는 것처럼 발걸음이 가벼워짐을 느낀 것도 잠시, 곧이어 기습을 당했으니, 쓰레기 더미를 만난 것이다. 소들은 놀랄 정도의 안목으로 쓰레기 더미에서 종이만을 골라서 먹고 있었다. 마을을 조금 벗어나니 강과, 마치 잔디밭과도 같은 논밭, 그리고 아직은 이른 볕들이 좋은 그림을 만들고 있었다. 므앙은 벌써 최고이고 또 어제부터 이미 최고였다.

40분 거리. 정말 얼마 가지 않아 동굴이 나타났다. 입장료를 내고 동굴로 들어갔지만 솔직히 더 들어가기에는 조금 무서웠다. 형님의 얘기로는 동굴이 꽤 깊다고 했는데 입구부터 미끄럽고 가팔라진 내리막길을 따라 혼자서 동굴 안으로 들어가는 것은 거의 공포체험에 가까웠다. 유키에게서 헤드라이트를 빌려 왔지만 동굴 안을 비추기에는 턱없이 부족했다.

동굴 외부만 보고 돌아온 셈이다. 길은 산을 따라 계속해서 아름답게 이어지고 잠자리 떼도 가끔 날아다녀 진정 하이킹의 호젓함을 만끽할 수도 있지만 걸어가는 길은 조금 단조로운 것도 사실이다. 므앙에서의 짧은 하이킹은 동굴까지만 다녀와도 충분한 것 같다.

돌아와 보니 오랜만에 한국 사람을 만나 마음이 들뜬 듯 형님이 낚시 프로그램을 이미 만들어놓고 있었다. 이 마을의 의사라는 사람 집에 가서 낚시 도구를 빌려 그 집의 아들 녀석들과 낚시를 하러 가기로 했다. 의사라고 소개된 사내는 집이나 풍모에서 조금 주저스러운 부분이 있었지만 내게 특별히 중요한 것은 아니었다.

낚시를 하는 과정은 힘들었다. 강으로 접근해가는 길도 무척이나 질척거려 슬리퍼가 푹푹 빠지기 일쑤였고 한번 땅으로 들어간 슬리퍼는 빼내기도 쉽지 않았다. 강에 도착한 이후에도 생각보다 물살이 센 탓에 물통이며 슬리퍼에 카메라가 든 방수 가방까지 멘 나는 상당히 헤맸다. 같이 간 일행들은 물고기가 없다며 자꾸 더 상류로 올라가기를 원했고 난 따라가는 수밖에 없었다. 실제로 우리가 도

착한 곳에 그물을 몇 번이나 드리웠지만 고기는 거의 그물에 따라 올라오지 않았다. 다시 올라간 지점에서 짐들을 부리고 또 그물을 던졌다. 그물을 던지는 것에도 상당한 기술이 필요해 유키가 던진 그물은 아무 소득 없이 다시 올려지곤 했다. 나는 수영을 하는 셈 치고 물속에 몸을 던져 들어갔다 나왔는데, 하필 그 이후로 해가 구름 속으로 들어가 버려 갑자기 들이닥친 추위에 잔뜩 웅크려야 했다. 다시 조금 더 올라가자는 일행들을 따라 올라가다가 물살이 크게 치고 나가는 목에서 하필 발가락에 쥐가 나버렸다. 발가락에 나는 쥐의 고통도 느낌상 지저분하다고밖에는 달리 말할 수 없다. 멀리 앞서 가던 일행들이, 허리를 굽힌 상태에서 고개를 숙이고 한 손을 물속에 집어넣고 오랫동안 엉거주춤 서 있는 나를 보고 대체 뭐 하는 거냐고 재촉하진 않았다. 그저 걱정스러운 얼굴로 쳐다보고 있었을 뿐이다. 내가 싫었다. 할 수 없이 두 손 중에 한 손을 자유롭게 해주는 차원에서 물통을 버리기로 했다. 겨우 한 손이 자유로워졌다. 강에서 얼마간의 시간을 보내다가 라오인 일행들은 고기를 더 잡으러 올라가고 우린 귀가하기로 했다. 우리는 물고기 30여 마리를 얻고는 마치 커다란 사냥감이라도 잡아 온 듯 의기양양하게 숙소로 돌아왔다. 그래서 돌아오는 길은 다시 양손이 풍족한 느낌이었다.

숙소로 돌아오자마자 형님이 바빠졌다. 김치와 함께 갖은 채소와 양념을 버무려 도리뱅뱅을 해주어 어제의 김치와 막걸리보다 더 귀한 음식을 먹을 수 있었다. 게다가 형님은 아주 소중하게 아껴두었을 소주도 한 병 꺼냈다. 미지근한 소주였지만 미지근한 온도는 형님의 마음같이 적당하게 손끝으로 전해진 후 식도를 타고 부드럽게 간으로 안착했다. 유키는 대개의 일본인이 그리하듯 일단은 "마시

서요"를 연발하긴 했으나 정말 맛이 있었는지는 모를 일이다. 김치와 함께 끓여진 생선 도리뱅뱅의 풍모는 사실 외국인이 쉽게 젓가락을 들이댈 만한 것은 아니었다.

　소주와 함께 라오비어를 마시고 있는데 갑자기 어디선가 일단의 여자 여행객들이 들이닥쳤다. 점심때 이곳으로 들어왔다는 영국, 캐나다, 프랑스, 그리고 중국 여인네들. 숙소에 머물고 있던 또 다른 중국인과 유키까지 갑자기 제대로 판이 벌어질 듯한 기세였다. 다분히 이상한 성격 탓에 사람이 다섯 이상만 되면 현기증이 날 정도로 정신이 사나워지는 터라 형님에게 양해를 구하고 자리를 떴다. 난 사람이 많은 곳엘 가면 이상하게 위축되고 작아진다. 가급적 오붓한 것이 좋다.

　어느덧 10시가 되었다. 므앙은 제한 송전 지역이라 저녁 8시부터 10시까지만 불이 들어오고 나머지 시간에는 전기가 들어오지 않는다고 한다. 아까부터 술을 마시고 있던 여행자들은 이제 파해야 할 시간이었다. 일부는 대충 정리하고 들어갔고 프랑스 여자와 중국 남자, 영국 여자만 끝까지 자리를 지키며 술자리에 남았다. 어디로부턴가 촛불이 하나 밝혀졌다. 나는 조용히 배 선착장의 계단 쪽으로 잠시 자리를 옮겼다.

　선착장 계단에는 세 명의 라오스 남자가 있었다. 라오스 말을 할 줄 모르기 때문에 많은 대화를 나눌 수는 없었지만 그중 한 명은 전 라오스 복싱 챔피언이라고 짤막한 영어로 자신을 소개했다. 전 라오스 챔피언과의 만남이라. 라오스 복싱 챔피언이 배 선착장 계단에서 친구들과 주머니에 손을 넣은 채로 어두운 밤에 얘기하는 것을 보니 왠지 우울한 생각이 들었다. 반가운 마음에 덥석 손을 잡아 악수를 했을 때 알았다. 어두웠지만 분명하게 읽을 수 있었다. 착하게 생긴 얼굴, 적어도 살기가 있지는 않았던 꽉 쥔 주먹. 얼마나 때리기 싫었을까. 또 얼마나 상대방의 눈을 쳐다보기 싫었을까. 그리고 이겼든 졌든 그 밤 얼마나 잠을 못 이루었을까……. 하는 수 없다. 모든 것은 지나가게 마련이다. 그가 상대방을 때려눕혀야지만 어떤 성과를 얻을 수 있다면 그것이 아무리 괴로운 일이라도 자신의 인생으로 받아들이고 힘겹지만 애써 지나쳐야 하는 것이다. 인생, 그것 참 알아서 가긴 간다.

라오스 여행의 축소판, 므앙응오이. 므앙응오이로 가는 여정에는 모든 것이 들어 있다고 해도 모자라지 않다.

배를 타고 간다. 배를 타고 들어오는 주변의 광경은 너무나 아름답다. 여러 가지 트레킹을 할 수 있다. 동굴이 있다. 동굴과 더불어 라오스 여행 시 도시마다 있는 프로그램인 폭포가 있다. 므앙의 주도로에서는 새벽부터 저녁까지 길거리 국수와 튀기지 않은 스프링롤과 네암이라는 부침개를 5천 낍이라는 가격에 맛볼 수 있다. 아침 6시에는 선두에 계신 노승의 얼굴이 상당히 무섭지만 탁밧을 구경할 수 있다. 작지 않은 사원이 있어 경내를 산책할 수 있으며, 학교가 있어 아이들과 함께 잠시나마 뛰어놀 수 있다. 학교의 운동장은 당신이 머릿속으로 그릴 수 있을 만큼 넓다. 산이 있고, 강이 흐른다. 강은 작은 지류에서 큰 강으로 만나 두 개의 강을 접할 수 있는 셈이다. 튜빙과 카야킹도 할 수 있다. 낚시와 수영도 할 수 있다. 그리고 여기서도 별을 마음껏 볼 수 있고 완벽한 어둠과 그 후의 또다른 완전한 새벽과 조용하게 손을 잡을 수 있다.

그리고 이곳에서 다 보내줄 수 있다. 모든 것을 이해하고 용서해 줄 수 있다.

이곳에서는 다 보내주자. 놓아주자.
용서해주자. 이해해주자.
차라리 잘 가라고. 슬프지만
힘들지만 인사를 해주자.

그리고 지금부터 잘 살자.
결국 제일 중요한 것은 나니까.
여기는 므앙응오이느아니까.

　빚만 남기고 일찌감치 떠나신 아버지, 일평생 막내만 중요하던 어머니, 어릴 때 나의 허물을 덮어주지 않았던 형, 왠지 나를 멀리하고 경계하던 작은언니, 이상하게 거리감이 좁혀지지 않았던 막냇동생, 아무리 생각해도 나에게만 유독 심하게 굴었던 유 부장, 중학교 시절 결정적인 순간에 나에게 등을 돌렸던 정남이 혹은 정아, 나를 두고 다른 사람을 찾아가던 그 혹은 그녀, 그리고 나를 두고 먼저 간 그 혹은 그녀.

　이곳에서는 다 보내주자. 놓아주자. 용서해주자. 이해해주자. 차라리 잘 가라고, 슬프지만 힘들지만 인사를 해주자. 그리고 지금부터 잘 살자.

　결국 제일 중요한 것은 나니까…….

　그리고 여기는 므앙응오이느아니까…….

유키와 함께 우돔싸이로 가기로 했다. 그동안 이것저것 많이 챙겨주었던 형님과 헤어지면서 유키 녀석은 쿠바를 여행할 때 산, 그리고 알래스카를 지나 아직까지 비닐 안에 고이 모셔두었던 쿠바산 시가 마지막 두 개를 감사의 표시로 형님에게 선사했다. 나도 마지막 남은 고추장 튜브를 형님에게 주었지만 어디까지나 고작이었다. 솔직히 시가와 고추장은 내용뿐 아니라 무게 자체도 달랐다.

히로유키. 서른일곱 살. 요코하마 태생. 10년간 동거한 여자친구와 헤어졌음. 10년을 살았지만 5년은 거의 같은 집에서 말도 안 하고 지냈음. 헤어진 이유는 그동안 유키가 전혀 일을 하려고 하지 않았기 때문임. 문신 문제도 있지만 다른 사람과 어울려 일을 잘 해나

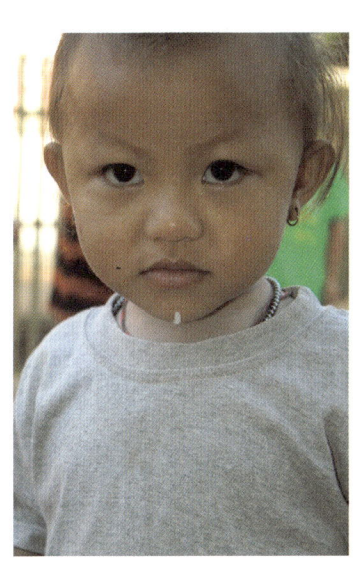
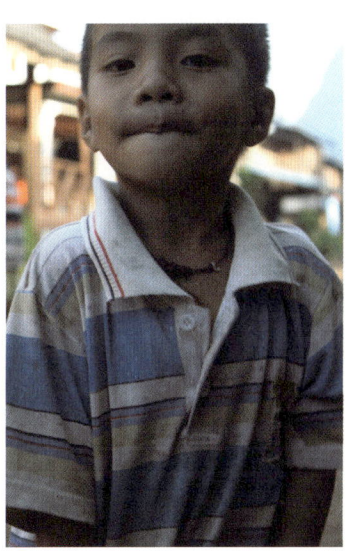

Muang Ngoi Neua

갈 자신이 없음. 여자 밑에서 빌어먹고 사는 팔자를 가진 녀석이지만 마음은 착함. 혹은 희미하게 밝음. 여자친구가 결국 이별을 통보하고 이후 이비차라는 열 살짜리 오랜 애견과 알래스카로 카야킹을 하러 떠났음. 석 달 동안 전 알래스카를 돌며 카약만 탔음. 몇 번이나 육지에서 곰이 나타나 위협해 왔지만 그냥 다녔음. 외롭지는 않았음. 적어도 이비차가 곁에 있었으니까. 이비차는 유키를 알고 있으니까. 어머니는 돌아가셨음. 아버지는 어디 있는지 모름. 하나뿐인 동생과는 연락하지 않음. 친구를 가져본 적이 없음. TV를 보지 않음. 오직 이치로에 열렬함. 야구는 싫어함. 그녀는 보고 싶지 않지만 여행 동안 맡겨둔 이비차가 너무 보고 싶음. 현재 가지고 있는 것은 가방 두 개와 여자친구가 마련해준 수중의 돈 5천 달러, 요코하마에 있는 카약과 서핑보드와 이비차뿐. 라오스 여행이 끝나면 어디서 무엇을 어떻게 해야 할지 모르겠음. 돌아갈 곳이 없다는 것은 슬프지 않으냐고 물으니 "그건 그냥 내 인생이다"라 함. 므앙의 형님이 언제든지 오라고 하셨음.

유키, 너 참…….

세상에 무수히 많은 말들 중에 정말 한마디를 하자면, 인생은 한 번뿐, 그리고 그것은 너의 것, 또 너는 혼자다.

항상 네가 혼자라는 생각은 하지 말라고? 정말 그렇게 생각해?

너는 결국 혼자야. 슬프지만 네 몫이라고…….

늦게 와서 미안해,
라오스

Oudomxai

우돔싸이

내 마음속의 우돔싸이

아무도 없는 언덕 정상에 오르니 우돔싸이의 전경이 모두 들어온다.
우돔싸이의 전체적인 모습은 그저 꾸밈없는 자연처럼 묵묵하다.
도시의 모습에서 자연의 모습이 보인다면 심한 비약이겠지만
우돔싸이는 적어도 화려하게 겉모습을 치장하고 있지는 않았다.

　우돔싸이로 왔다. 라오스는 실제 지명과 통용되는 지명이 조금 다른 경우가 많은데 이곳도 그런 곳이다. 행정지명은 므앙싸이인데 모두들 우돔싸이로 부르고, 그렇게 쓴다. 루앙남타와 더불어 이름에서 왠지 도회적인 느낌이 나 폰싸완을 떠날 때부터 꼭 와보고 싶었던 곳이다.
　네 시간 반이 걸렸는데 생각 외로 비포장 길로 이루어지고 또 공사 중인 차량들을 따라가느라 흙먼지와 산업먼지를 온통 뒤집어써 힘들었다. 차 안은 비교적 한산하여 맘에 드는 자리를 몇 번이고 옮길 수 있었다. 터미널에 내려 센터까지는 걸어갈 만했다. 유키는 므앙응오이느아로 오기 전에 우돔싸이에 한 번 들른 적이 있다고 했는데 다시 가는 이유는 개인적으로 아쉬운 일이 있어서라고 한다. 그에게 아쉬운 일이란 라오스 여성들과의 그렇고 그런 일이었다. 유키는 나름대로 어떤 확신을 가지고 어느 구석진 숙소를 찾아 짐을 부렸고 나는 다른 곳에 숙소를 잡았다. 방 안에서 인터넷이 가능하다고 했지만 정작 아무것도 되지 않았다. 어떻게 된 거냐고 물어보는 나에게 여직원은 오로지 모르겠다는 한 마디로 일관했다.

저녁으로 국수를 먹고 한 바퀴 돌러 나갔다. 이제까지 다른 곳에서 많이 보지 못했던 중국어 간판들이 줄지어 있다. 아직 전체적인 분위기는 잘 모르겠다.

우돔싸이에서의 첫날은 그렇게 별다를 것 없이 지나갔다. 농키아우에서 오는 길이 험해서 그런지 피곤하기도 했다. 숙소 상태는 준수했지만 방 안은 조금 답답한 느낌이었다. 아까 잠시 들렀던 길 앞 숙소의 유키는 마치 성적표를 제대로 고친 중학생과도 같이 해맑고 들뜬 표정으로 밤에 있을 결전에 날아갈 듯 기뻐했다.

이제 라오스 여행도 벌써 한 달이 지나갔다. 나힌과 다소 불편한 기억이 있었지만 비엥통과 므앙응오이느아에서 라오스에 대한 애정이 최고조로 올라갔다. 여행을 애써 익사이팅하게 다니지 않은 것도 이유이겠으나 사실 에피소드나 해프닝이 약한 여행지가 라오스다. 하지만 어쩌면 이 점이 라오스를 설명하기에 더 충실할 수도 있겠다. 한 나라를 여행자의 입장에서 바라보는 것, 그리고 그 나라에 어울리는 여행자가 되는 것. 이 점을 명확하게 짚어주지 않는다면 여행은 어디서든 힘들게 마련이다. 난 이제까지 내 입장에서 라오스를 보려고 했다. 라오스의 입장에서라면 난 사실 아무것도 아닌 존재고 나 같은 여행자는 오히려 필요치 않았을 수도 있다.

반성의 시간을 갖자. 나는 어쩌면 라오스에 대해 사과를 하지 않으면 안 된다. 여행을 다니는 내가 바보같이 주인공이 되려고 했지 이미 존재하는 곳에 그저 내가 다니고 있는 것을 미처 깨닫지 못하고 있었다.

여행의 노정, 그것은 나와 여행 사이에서 무엇이 중심이 되어야 하는지를 깨닫는 것이다. 주제와 소재의 명확한 경계, 그것이 여행의 출발선이다.

우돔싸이 숙소 네모난 천장 아래 누워 난 감사하게도 지금 그 점을 깨닫고 있다. 그나마 다행이다. 바깥에 나가지 않더라도 이렇게 여행은 훌륭하게 자기반성의 시간을 준다.

고맙다, 여행, 그리고 라오스.

선선한 날씨에 잠을 깼다. 도시이다 보니 이제까지 새벽녘부터 듣기 시작했던 닭들의 소리는 하루를 시작하는 차들의 지나가는 소리로 대체되었다. 숙소 건너편에 우돔싸이의 상징인 푸탓으로 올라가는 계단이 있어, 아침에 오르기에는 다소 많아 보였지만 올라보기로 했다. 올라가 보니 루앙프라방의 푸씨 산을 오를 때보다 계단이 많지는 않았다.

아무도 없는 언덕 정상에 오르니 우돔싸이의 전경이 모두 들어온다. 우돔싸이의 전체적인 모습은 그저 꾸밈없는 자연처럼 묵묵하다. 도시의 모습에서 자연의 모습이 보인다면 심한 비약이겠지만 우돔싸이는 적어도 화려하게 겉모습을 치장하고 있지는 않았다. 내일 아침에는 이곳에서 일출을 볼 수도 있을 것 같고, 어쩌면 이 우돔싸이를 라오스 도시 중 제일 좋아하게 될지도 모른다는 생각이 얼핏 든다. 순간적인 것은 거창한 이유를 수반하지 않게 마련이다.

언덕을 내려오니 유키가 묵고 있는 숙소의 강아지가 같이 놀자고 너무나 보챈다. 아주 난리가 났다. 유키가 있는 2층까지 따라 올라온 후 다시 1층 마당으로 되돌아 나오는 무의미한 동선을 마다하지 않았다. 중간에 다른 개와 눈이 맞아 금방 떠나가긴 했지만 이제까지 겪은 수많은 개들 중에 단연 장난기 넘치는 개였다. 곧이어 유키가 나왔고 나는 식당에서 그의 무의미했던 지난밤의 무용담을 들어주었다. 단지 듣기만 하는 나에게도 분노가 느껴질 만큼 허접하고 처참한 밤이었다. 유키는 바나나 팬케이크를 앞에 두고 식사를 하는 중에도 어젯밤의 일 때문인지 집중을 하지 못했다.

유키와 헤어진 후 숙소를 바꾸기로 했다. 다른 곳에서 자보고 싶었다. 건너편의 골목으로 들어가 어제부터 깔끔한 외관이 눈부실 정도로 빛나 눈여겨 두었던 싸이사나 호텔로 들어갔다. 완전, 완성, 완벽. 객실 내부, 청결함, 도로와는 조금 떨어진 위치, 그리고 5만 낍이라는 절정의 가격까지. 여행 안내소에서 준 지도에도 나와 있지 않은 아직 알려지지 않은 새로운 숙소라 그런지 투숙객도 없다. 객실은 건너편의 게스트하우스까지 합해 50여 개로 생각보다 큰 규모다. 우돔싸이에서의 일정을 이틀로 잡았기 때문에 하루만 묵게 되는 것이 못내 아쉽다. 비자가 남은 기간은 7박 8일. 나에겐 아직도 므앙쿠아와 루앙남타, 므앙씽과 훼이싸이가 남았고 아마도 므앙씽과 훼이싸이에서의 일정을 조절해야겠지만 사실 우돔싸이에서 이틀은 충분하다고 생각했다.

인터넷을 통해 그동안 연락을 못 했던 가족의 안부를 확인하고 점심은 우리나라의 어느 지역에 이런 음식이 있는지 모르겠지만 된장칼국수와 거의 같은 맛을 지닌 까오소이를 먹었다. 어제 묵었던 리타비사이 숙소의 오른편에 위치한 이름도 없는 식당이지만 고기의 양과 면의 풍부함이 주는 느낌은 이제까지 먹었던 국수와는 전혀 다른 차원이었다. 단지 조금 짜기 때문에 국물을 들이마셨다간 나처럼 시도 때도 없이 콜라를 사러 나가야 하는 번거로움이 뒤따를 수 있다.

지도를 한 장 가지고 여기저기 둘러보았지만 특별한 것은 없다. 좋지 않다는 이야기가 아니다. 난 오히려 이런 분위기가 좋다. 힘을 빼고 다니는 여행. 그냥 슬쩍 둘러보면 그만인 것들. 길모퉁이에서는 아이가 까닭 없이 울고 길을 건너도 차들이 오고 있다는 것을 신경 쓰지 않아도 되는 곳. 외국인 여행자도 많지 않고 기본적으로 시골은 아닌 곳. 어쩔 수 없이 난 태생적으로 도시 속에서만 마음을 놓을 수 있나 보다.

관광 안내 지도에는 100여 개가 넘는 항목에 숙소며 레스토랑까지 같이 들어 있어 얼핏 보면 볼거리가 많으리라고 착각할 수 있다. 푸탓은 다녀왔고 시장과 우돔싸이 운동장도 지나왔고 남은 것은 푸싸이와 박물관. 두 곳은 지도상 같은 위치에 있다. 라오스에서 박물관을 가본다니 갑자기 대단한 볼거리가 생긴 것 같다. 싸완나켓에서는 실망할 수밖에 없었지만.

우돔싸이에는 내가 있을 때만 그런 건지 바람이 참 잘 분다. 아주 적당한 크기로 단정하게 말이다. 예전 유럽 여행 중에 하루만 머물렀을 뿐이지만 오스트리아에서의 기억이 좋은 것은 널따란 주차장을 지나다 갑자기 불어온 바람에 잠시 서 있었던 그 기억 때문이다. 오스트리아의 바람은 대략의 무게감과 섬세함을 동시에 가지고 있지만 바람에게서 주로 느낄 수 없는 침착함도 있었다. 나폴리보다 모나코보다 오스트리아가 기억의 앞에 있는 것은 바로 그 때문이다.

아까 운동장에서 바라보며 운동장의 젊은 관리인에게 물어보았으나 저 산 위의 건물이 무엇인지 자기는 모르겠다고 하던 건물이 바로 그 박물관이었다. 미리 알았더라면 쉽게 갈 수 있었을 텐데 도로에서 한참을 걸어간 후 왼편으로 꺾어지는 샛길을 찾기는 쉽지 않았다. 안내판 같은 것도 없었다. 산 위의 건물이 박물관이라는 것을 알고 있는 사람들도 없었고 그나마 기적에 가깝게 내가 찾고자 하는 것이 무엇인지 알았던 한 사내의 도움으로 겨우 찾아 올라갈 수 있었다. 사내는 두 손을 망원경처럼 동그랗게 만들어 두 눈으로 무엇을 보는 듯한 제스처로 나를 감동시켰다. 거대한 퍼포먼스를 보는 것 같았다. 최소한 이 정도의 소통만 된다면 라오스 여행의 문제점은 최저 바닥권인 1퍼센트로 줄어들 것이다. 아까 방에서 나오면서 열쇠를 방 안에 두고 왔다며 연방 열쇠의 흉내를 온몸으로 선보였으나 프런트에 있던 처자는 1분 정도 후에 겨우 알아차렸다. 문 앞에 서서 왼손으로 손잡이를 잡고 오른손으로 무언가를 돌리는 것이 열쇠 말고 무엇이 있을까? 나의 모노드라마는 진정 수준 이하였던 것일까?

  나, 이 우돔싸이가 너무 좋다. 볼 것도, 특별한 것도, 그리고 기억할 만한 에피소드가 있는 것도 아닌데 이 우돔싸이가 그냥 좋다. 박물관으로 향하는 언덕에서의 바람은 너무나 정결하여 마침 이곳을 내려오는 한국 아가씨가 있다면, 그 자체만으로도 기적에 가까운 인연이지만, 그냥 "저기요, 며칠간만이라도 이곳에서 저와 사귀어

　주시면 안 될까요?"를 두서없이 날리고 싶다. 그녀도 두서없이 나에게 발차기를 날리겠지만.

　박물관은 자체로서는 아무 의미가 없다. 언덕 위의 훌륭한 호텔에서 일을 하고 있는 셈인 두 명의 공무원이 아직 오픈을 하지 않은 박물관을 지키고 있는 것인데, 매일같이 이런 곳에서 하늘이나 보고 또 하루를 보내며 바람을 맞이하고 비를 맞을 수 있다니, 진실로 나하고 바꾸었으면 좋겠다. 만약 돈이 많이 생긴다면 라오스 정부

하고 이야기를 해서 이곳을 사서 이곳에서 제일 먼저 살아볼 작정이다.

　내부 전시관에는 베트남과 라오스 간의 일부 행사를 찍은 사진들만 빼곡하게 전시되어 있고 특이하게 2층 구석에는 학술적으로 혹은 자연사적으로 무척 중요한 물건임에 틀림 있을 나무에서 잘라낸 나무껍질들을 무의미하게 몇 개 보관해놓고 있었다.

　박물관 탐방을 마치고는 내려오는 길 맞은편에 있던 사원에 들렀다. 자연스럽게 들러 가는 코스다. 밧 싼티팝이라는 사원에는 '생명의 나무'라는 나무가 한 그루 서 있는데 실제 나무가 아닌 철제로 이루어진 조형 나무다. 특이한 분위기의 이 나무에는 다음과 같은 전설이 있다.

　지금까지 4,500년 가까이나 살고 있는 이 나무에는 원래 거대한 과일이 주렁주렁 달려 있었고 어떤 과일은 260센티미터나 되는 것도 있었다. 과일들이 너무 크고 육중해서 동물들이 먹을 엄두를 내지 못하고 있던 어느 날 마침내 과일이 하나 떨어졌고 그 충격으로 온 마을에 지진이 일어났다. 사람들과 동물들은 지진의 피해로 나무 주변과 마을에서 살 수 없게 되었고 용은 부처님을 찾아가 더 이상 나무로부터의 피해가 없게 해달라며 도움을 청했다. 부처는 동물들의 요구에 나무 밑에 앉아 나무를 지키기 시작했다. 나무들과 과일들은 점점 작아졌고 동물들은 그 이후로 나무에 달린 과일들을 먹을 수 있게 되었다. 과일을 먹은 동물은 매우 강해졌으며 또 장수했다고 한다. 이 나무는 이러한 전설에 따라 1990년 라오인인 마이동 캄이라는 사람에 의해서 다시 디자인되어 세워졌다.

　실제로 가까이서 보면 나무들의 가지에는 정교하게 만들어진 원숭이며 갖가지 새의 모형들이 수없이 달려 있어 이상한 신비감마저 든다. 그러나 3분은 넘지 않는다.

　숙소로 돌아와서는 이제까지 건강하게 탈 없이 지내온 라오스 여행에 감사의 경배를 드리듯 자축 낮잠을 자기로 했다. 라오스 여행 중 거의 매일같이 새벽녘에 일어났기 때문에 제대로 된 낮잠은커녕 늦잠도 자본 적이 없다. 기다렸다는 듯이 잠은 빨리 찾아왔고 너무나 달콤한 낮잠을 즐긴 것에 반해 일어나 보니 흐른 시간은 고작 두 시간 반 정도. 잠이 들기 전에는 자고 나면 바로 내일이 올 것같이 침대는 나를 완벽하게 눕혔다. 일어난 후 벌써 해가 져버린 시간이었다면 왠지 조금 가라앉았을 수도 있었겠으나 지금은 4시. 이른 저녁을 대충 먹고는 숙소 뒤편으로 산책을 나섰다. 도시라고 하기에도 조금, 시골이라고 하기에도 조금 애매한 풍경이지만 일찍감치 우돔싸이를 마음에 담아둔 까닭에 당연히 나쁘지 않았다. 저녁 식사 후의 산책에 실패한 적은 거의 없다. 그 길이 어둡지 않은 뒷길이라면 더더욱…….

　다시 주도로로 들어오는 길에서는 프랑스인 여행자를 잠시 만나 이야기를 나누었다. 부인과 어린 아들 두 녀석과 자전거 여행 중이라는 그 가족은 이 우돔싸이에서만 숙소에 머물고 있을 뿐 모든 일정을 밖에서 지낸다고 한다. 허락이 된다면 사원 마당에 자리를 펴기도 하고 자신들에게 내줄 공간이 있는 라오스 현지 가정의 집들에 양해를 구하기도 한단다. 차로 네 시간 거리의 므앙쿠아까지 이틀 동안 페달을 밟을 작정이라며 그는 아이들과 부인과 함께 저녁을 먹을 참이었던지 두 손에 하나 가득 음식과 과일을 들고 돌아갔다. 그의 돌아서는 모습은 마치 잘 익은 사과 속처럼 밝고 맑았다. 아들 녀석들은 분명히 세상을 보는 지혜를 일찍감치 배우게 될 것이다. 아버지가 해주어야 할 일은 결국 그것인데, 아버지와 아들의

관계는 따로 있는 것인데, 아버지는 어느 시점에서는 가부좌로 앉아서 아들에게 남자로서의 이야기를 해주어야 하는 것인데.

문을 열고 나갔다 온 탓인지 방 안이 벌레로 가득하다. 대대적인 소탕 작전을 벌인 뒤 샤워를 말끔하게 마쳤다.

낮잠을 잤지만 잠을 못 이룰 것 같지는 않다. 도시에 불던 바람은 잦아들었고 우돔싸이의 밤도 함께 녹아들었다.

내일 아침 일출을 보러 다시 푸탓에 오를 생각이다. 짐을 미리 싸 두어야겠다.

밥 딜런의 아버지는 어린 딜런에게 이런 말을 해주었다고 한다.

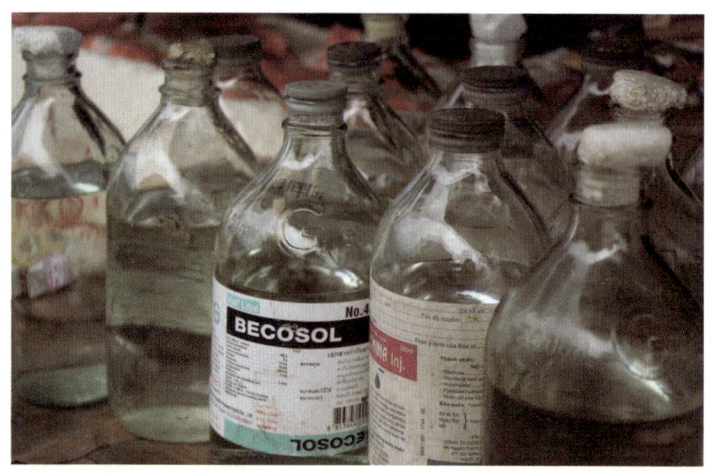

"이미 일어난 일에 불평하지 말고 아직 일어나지 않은 일에 감사할 줄 알아라, 얘야……."
  난…… 아쉽다……

날은 어두웠다. 일출은 생략했다. 어두워진 구름의 색깔은 저 멀리 보이던 우중충한 산들의 그것보다 조금 밝은 수준이었다.
짐을 챙겨 터미널로 향했다. 이렇게 좋은 숙소에 나 말고 손님이 없는 것은 어쩌면 우돔싸이를 나만이 비밀로 간직하고 싶은 점에 아주 잘 맞을지도 모른다.
므앙쿠아로 가기로 했다. 이상하게 므앙쿠아라는 지명이 끌린다. 싼야부리가 그랬던 것처럼, 씨판돈이 안 그랬던 것처럼. 므앙쿠아와 퐁살리로 가는 버스는 8시 반 출발. 므앙쿠아와 퐁살리를 끝까지 저울질했으나 마지막에 므앙쿠아로 결정한 것은 퐁살리행 버스가 고장 난 탓인지 많은 수의 사람들이 기다리고 있어 얼핏 보아도 만석에 가까울 것이라는 생각과, 그들이 가지고 있는 짐들을 보았을 때 정류장마다 그 짐들을 내려야 하는 시간을 감안하면 여덟 시간 거리가 열 시간으로 바뀌고도 남을 것이라는 생각 때문이었다. 같은 시각에 떠난다는 므앙쿠아 버스가 출발할 때까지 퐁살리행 버스는 나타나지도 않았다.

농키아우에서 내려오던 산길은 우돔싸이에서 거의 끝난 듯 므앙쿠아까지는 대체적으로 평지를 달리는데 역시 구불구불하기는 마찬가지다. 대형버스에 사람이라곤 열 명 남짓. 나는 뒤쪽으로 빠져 무슨 이유에선가 아침부터 곯아떨어져 버렸다. 심각하리만큼 졸다가 어느덧 므앙쿠아 도착. 네 시간이 걸린다는 얘기를 어제 분명히 세 번 이상은 들은 것 같은데 두 시간이 조금 넘게 걸린 수준이다. 라오스의 버스 시간은 사람이 많을 경우 짐을 싣고 내리는 시간이 계산되어야 하기 때문에 오늘같이 사람이 적은 경우에 당연히 시간을 많이 줄일 수 있나 보다. 작은 마을이라고 생각했는데 역시 썽태우를 타고 시내로 들어간다. 그리고…….

각본에도 없이 나를 깜짝쇼로 안내하는 므앙쿠아.

아무것도 없다. 길가에 온통 상점뿐이다. 마을 전체가 서로서로 물건만 돌려 사주면 삶이 유지되는 친절한 사회, 밝은 사회, 그리고 서로 돕는 사회인 듯 구석구석이 모두 가게들뿐이다. 거대한 시장을 쪼개놓은 것 같은 느낌. 베트남으로 가려면 이곳에서도 꽤 가야 하는데 벌써부터 국경의 시장에 와 있는 듯한 기분.

우선 숙소부터 찾았다. 썽태우에서 내린 바로 그 지점에 5만 낍이라는 저렴한 수준의 게스트하우스가 있었지만, 우돔싸이의 왕자님 숙소에서 지내고 온 것을 감안하지 않더라도 묵을 수 없을 것 같았다.

갑자기 마음이 급해졌다. 숙소가 우선 와 닿지가 않으면 마을에

정 붙이기가 쉽지 않다. 이곳에서 그나마 제일 큰 '액면' 호텔로 들어갔다. 젊은 부부가 TV를 보고 있다가 내가 들어가서 방을 보여달라고 하니 누워 있던 남자가 부인에게 턱짓으로 '까짓, 방을 보여줘' 하며 선심을 써준다. 하지만 뒤이어 돌아오는 가격은 15만 낍. 발걸음을 떼다가 바로 돌아서 나왔다. 터무니없는 가격이었다.

이제는 마음이 아니라 몸까지 바빠졌다. 12시에 우돔싸이로 돌아가는 버스가 있다는 걸 알고 왔기에 서둘러 터미널로 향했다. 뒤도 안 돌아보기로 했다. 거리가 온통 시장인 가운데 흉물스럽게 여행자 안내소가 있었으나 이미 굳게 닫혀 자물쇠 위에 앉은 먼지가 눈에 들어올 정도였다. 안내소의 벽면에는 최소한 트레킹이나 어느 마을에도 있던 동굴과 폭포에 대한 설명은 없고 므앙응오이느아로 가는 뱃삯과 시간만 써 붙어 있었다.

터미널로 나가는 차를 아무거나 붙잡아야 하는데 차들도 별반 보이지 않는 와중에 한 사내가 와서는 자기가 게스트하우스를 운영하고 있으니 한번 가보자고 한다. 정말 기가 막히게 안 맞는 타이밍이다. 마침 지나가던 오토바이를 세워 터미널로 간다고 하니 선뜻 탑승케 해 결국 터미널에 도착. 7천 낍 결제.

가까스로 버스에 탑승할 수 있었다. 2분 후 출발. 물 한 통 사러 갈 시간도 주어지지 않는 정시 출발이다.

다시 우돔싸이로 돌아와 싸이사나 호텔로 걸어 들어갈 땐 난 마치 부잣집 막내아들로 다시 태어나는 듯한 느낌을 받았다. 실제로 호텔 뒤로 신비스러운 노란색 후광이 빛났다. 마치 텔레토비의 아기 같았다. 프런트의 처자는 낮잠을 자다 일어난 얼굴로 아침에 짐을 싸들고 나간 녀석이 다시 돌아온 것을 보고 우선은 사태 파악을 못 하고 있다. "그러니까 내가 말이에요, 저번에 길에 올라가서는

여행의 노정, 그것은 나와 여행 사이에서 무엇이 중심이 되어야 하는지를 깨닫는 것이다.

뭐라고 소리를 질렀다가 가만히 생각해보면 꼭 맛있었다고는 전화를 던졌지 뭡니까?"라는 말도 안 되는 얘기를 주절거려도 "예스"라고 했을 것이다.

 짐을 다시 풀고 허기진 배를 채우러 간만에 신닷집으로 향했으나 커다란 식당이 문을 닫아버렸다. 하는 수 없이 내일 루앙남타행 버스 시간을 알 겸 터미널로 걸어갔다. 시간은 8시, 11시 반, 오후 3시 반. 아무 때나 출발해도 부담 없는 네 시간 거리다.

해는 어째서 넘어갈 때 아무
　　소리도 내지 않는 것인지…

므앙쿠아에 허탈한 걸음을 하고 온 기념으로 점심은 무언가 색다른 것을 먹어주어야 할 것 같아서 터미널 안에 있는 중국 식당으로 들어갔다. 남자가 한 명, 여자가 다섯 명이나 되는 젊은 일행이 몇 가지 음식을 푸짐하게 시켜 먹고 있기에 양해를 구하고 음식 이름을 물어본 뒤 나도 같은 것을 주문했다.

중국인 사장의 특별한 가르침인 '손님들에게 친절하면 결국 손님은 오지 않는다', '손님들을 대할 때는 항상 약간 화가 나 있는 것처

왜 당신은 그냥 그렇게 스스로
조용히 소멸해버리고 마는 것인지…

석양은 결국
해의 마지막 대답인지…

소멸, 그것은 완전한 연소.
재는 끝까지 없어야 할 것이다.
나, 우돔싸이가 너무 좋다.

럼 대하라. 그러면 음식의 양을 조금은 줄일 수 있을 것이다'를 완벽하게 교습받고 있는지 종업원의 태도는 이유를 가늠하기 어려울 정도로 무뚝뚝했다. 심지어 식당에 들어가자마자 의자에 앉아 밥 먹는 시늉을 해도 아무도 일어나서 주문을 받으러 오지 않았다. 식사 중 "쎄브 라이라이" 하며 '아주 맛있어요'를 연발했지만 종업원은 나를 보며 팔짱을 낀 채로 '정말로 맛있으면 그릇까지 다 먹어보지 그래'라는 눈빛으로 쳐다보고는 돌아서기도 했다. 그에게 쌍둥이 형제가 없기를 바랄 뿐이다. 두부와 토마토볶음에 돼지고기와 호박볶음, 그리고 밥. 3만 낍. 중국 음식은 국물이 기름이다. 배를 움켜쥐고 발을 끌고 가는 한이 있더라도 다른 신닷집을 찾았어야 했다.

저녁 전에는 며칠 동안 잊고 있었던 라오스에서의 선셋을 조망하러 다시 푸탓으로 산책을 나섰다.

어스름해지기 전이라 한적한 느낌이다. 선셋을 보기 위한 최적의 장소인 계단에 걸터앉았다. 조깅을 하고 있던 아주 예쁜 여자, 순수하게 손만 잡고 있던 라오스의 청춘들, 탑을 돌며 독경을 외우며 배고픔을 참던 어린 승려들. 저 멀리 시내에서는 알 수 없는 연기들이 곳곳에서 피어오르고, 드디어 해가 넘어가려고 마지막 숨을 뱉어내고 있다. 석양의 빛은 마치 피와도 같아서 사뭇 새빨갛게 구름 위로 번지고 피에 적셔진 구름은 지상으로 힘없이 낙하한다. 바람이 많이 부는 우돔싸이이고 또 그 언덕이다 보니 바람은 이미 나보다 먼저 와서 자리를 잡고 있었던 것이다.

해는 어째서 넘어갈 때 아무 소리도 내지 않는 것인지, 왜 당신은 그냥 그렇게 스스로 조용히 소멸해버리고 마는 것인지, 석양은 결국 해의 마지막 대답인지…….

눈물이 흘렀다. 난 혼자였다. 운다고 해도 눈치 볼 사람도 없었다. 그리고 울고 싶었다. 이즈음이면 울 때도 되었다. 나도 숨고 싶었다. 어디론가 조용하게 사라져버리고 싶은 마음, 그것이 내가 석양과 마주할 때 항상 느끼는 마지막 감정이다. 그래서 난 서쪽에서 살지 않을 것이다.

소멸, 그것은 완전한 연소. 재는 끝까지 없어야 할 것이다.

나, 우돔싸이가 너무 좋다. 나힌에서의 저녁과 농키아우의 밤하늘, 그리고 므앙응오이느아에서의 한때가 좋았지만 결국 우돔싸이가 내 마음속 가장 밑바닥에 남을 것이다. 가장 깊은 곳에 잠길 것이다.

므앙쿠아에서의 실패로 하루를 이곳에서 더 묵게 되었지만 오히려 감사하다. 마침내 라오스에 대한 나의 감정에 솔직해질 수 있게 되었다. 아직까지도 조금 못 미더웠고 서로 손을 먼저 내밀지 못했지만 난 오늘 여기서 라오스에 드디어 마지막, 아니 마음속의 첫 손을 내밀었다.

라오스야, 미안해.

그리고 우돔싸이야, 고마워.

넌 최고야.

늦게 와서 미안해,
라오스

Luang Namtha
루앙남타

북라오스의 베이스캠프

우돔싸이에서 출발해 루앙남타와,
중국과의 국경지대로 빠지는 마을인 보테오로
갈라지는 지점에서 드디어 감격의
아스팔트 직선 도로가 나왔다.
실로 25일 만에 뜨겁게 가슴 벅찬
아스팔트 직선 도로와 만났다.

  루앙남타로 넘어왔다.
  우돔싸이에서 출발해 루앙남타와, 중국과의 국경지대로 빠지는 마을인 보테오로 갈라지는 지점에서 드디어 감격의 아스팔트 직선 도로가 나왔다. 실로 25일 만에 뜨겁게 가슴 벅찬 아스팔트 직선 도로와 만났다. 순간 기사에게 잠시 내려 길에서 조금 누웠다가 가도 되겠냐고 물어보고 싶을 정도로 아스팔트의 쿠션감은 남달랐다. 실크로드가 따로 없다.
  터미널에 내려 루앙남타 시내까지 다시 썽태우를 타고 들어왔다. 시내까지 들어오는 꽤 길었던 또 다른 직선 도로에선 잠깐 졸았던 것 같기도 하다. 미리 알아둔 숙소로 향했지만 이미 만실이라는 대답에 우선 눈에 띄는 독참파 호텔로 향했다. 일단 호텔이고 객실에는 자신들의 로고가 새겨진 욕실 용품까지 있는 나름 고급스러운 곳이었다. 역시 에어컨을 안 쓰는 조건으로 팬룸을 6만 낍이라는 적절한 가격에 잡았다. 방이 조금 작았지만 무엇보다 방 안에서 인터넷이 가능해서 더 이상 다른 곳으로 발품을 팔 이유가 없었다. PC방이 한 시간에 만 낍임을 고려할 때 이문이 남는 장사였다. 참고로

'독참파'는 라오스의 국화로 플루메리아속 식물이라고 한다.

숙소에서 조금 쉰 뒤에 간만에 자전거를 빌려 시내를 돌아보았다. 처음부터 안장을 심하게 내렸더니 아주 민망한 자세가 나와 중간에 길가에 서 있던 라오 남성들에게 도움을 청해 안장을 다시 올렸다. 시내를 한 바퀴 돌면 곧장 스투파_{유골을 매장한 탑. 원래는 인도식 탑을 말한다}가 있는 언덕으로 향하게 된다.

언덕 위의 스투파를 보기 위해 가파른 오르막길을 힘껏 달렸다. 언덕 위의 탑은 어디를 가나 좋은 기억을 만들어준다. 바로 그 자

리에서 말이다. 물론 루앙남타의 탑도 무척 훌륭하지만 우돔싸이 언덕에서의 그것이 워낙 탁월했던지라 아무래도 바로 찬성의 거수를 하기에는 조금 시간이 필요했던 것 같다. 그리고 해가 넘어가는 지점에 커다란 산이 위치하고 있는 형국이라 석양을 감상하기에는 사실 조금은 부적합한 장소였다. 하지만 결국 좋을 수밖에 없었다. 이런 곳에서 잠시라도 어떠한 상념에 잠기지 않는다면 우린 어느 곳에서도 자신을 반추할 수 없을 것이다.

자전거를 돌려 또 다른 탑이 있다는 곳으로 달려가 보았다. 오르

막길이 가지고 있는 다분히 서민적인 코드와는 별도로 내리막길은 화려함과 사라짐을 모두 가지고 있다. 시원하게 내리막길을 타고 어쩌면 마지막 길이 될지도 모르는 루앙의 뒷길로 달려 중국인 시장을 끼고 진입로에 다다랐다. 개 몇 마리가 갑자기 나타난 자전거의 기척에 짖어대며 따라왔으나 그네들이 항상 그러하듯 얼마 지나지 않아 곧 서로의 은밀할 것도 없는 그곳에 코를 집중시킬 뿐이었다.

  흙길이 시작되었다. 자전거 렌트 가게에서 준 지도에도 정식 길로는 나와 있지 않았다. 그리고 들어가는 길에서 또 다른 탑까지 무

려 3킬로미터. 시간도 이미 늦었고 불친절한 흙길에 나의 엉덩이를 또다시 맡길 수는 없었다. 좀 더 자전거를 타고 돌아볼 수도 있었으나 무언가 아껴두려는 심산으로 곧장 반납하기로 했다. 오늘 반나절에 루앙의 모든 것을 본다면 반드시 일정을 앞당기게 될 것임에 틀림없었다. 1만 5천 낍으로 하루 렌트를 했으나 두 시간여 만에 반납하는 착한 짓을 했다. 자전거를 반납할 때는 애써 착해 보이는 웃음도 아끼지 않았다.

　루앙남타는 우돔싸이보다 여행자들을 위한 도시로서의 모습을 훨씬 잘 갖추고 있다. 우돔싸이는 사실 딱히 여행자들보다는 일을

위해 오가는 사람들의 중간 도시 같은, 확실히 상업도시 같은 분위기였다. 숙소도 드문드문 일정치 않았고 현지 음식을 여간해선 먹지 않는 서양 여행자들을 위한 번듯한 식당도 없었다. 반면에 루앙남타의 시내는 모든 포커스를 여행자들에게 맞춰놓았다. 200여 미터 되는 주도로의 가에는 수많은 여행사들의 프로그램 홍보와 숙소의 간판들이 질서 있게 준비되어 있었고 PC방이나 식당, 오토바이 렌트숍이나 여행자 안내소도 모두 함께 모여 있었다. 루앙남타는 태국 치앙마이 등 북쪽에서 넘어오는 여행자들을 맞이하는 도시로서 분명히 북라오스 여행의 중심에 설 것이다.

저녁은 루앙남타의 또 다른 명물로서 자리 잡아 가고 있는 시내 중심의 야시장에 가서 닭구이와 까오냐우를 사가지고 와 숙소에서 먹었다. 닭은 가공할 만큼 살이 없어 무언가 역동적인 자세로 닭다리를 뜯고 말리라는 애초의 기세는 자연스럽게 수그러들었다. 고기를 뜯기는커녕 앞니로 긁는 수준에 그쳤던 것 같다. 라오스의 닭은 육질과 양 면에서 많이 타락했다. 고작 닭과 밥을 먹었을 뿐인데 심하게 갈증이 나서 다시 거리로 나갔다. 아마 닭과 같이 준 양념소스를 조미료로 만들었나 보다.

3층의 보수공사로 먼지는 둘째 치고 화공약품 냄새가 가득한 독참파로 다시 들어왔다. 문을 닫자 매캐한 냄새는 가셨지만 아까 닭구이를 먹다가 침대 시트에 봉지째로 흘렸던 양념소스의 냄새가 진동한다. 뭐라고 설명하기 정말 어려운, 아주 특이한 냄새다. 더운 여름에 키스를 윗입술에다가 해 코 바로 밑에서부터 침 냄새가 솔솔 풍겨오고 있는 듯하다. 농키아우에서부터 가지고 있던 싸구려 중국제 모기약을 뿌려 냄새를 중화시켜보고자 했으나 그 둘의 조합은 발 냄새가 지독한 신발에 향수를 뿌린 것을 상회하는, 일생 단

한 번도 맡아보지 못한 냄새를 만들어낼 뿐이었다.

겨우 냄새가 익숙해질 무렵 잠이 들었다. 내일은 므앙씽으로 간다. 빨리 다녀와서 루앙에서 조금 더 있고 싶은 마음 반, 므앙씽이 맘에 든다면 나머지 일정을 모두 그곳에서 보내고 싶은 마음 반이다.

늦게 와서 미안해,
라오스

Muang Sing

므앙씽

마음을 가르치는 곳

늘 하는 말이지만 편한 마음을 준다는 것은
피대상이 사람이라면 쉽게 하지 못할
상당히 어려운 일이어서 살면서 누군가
제대로 가르쳐주거나 겪어보지 못하면 아예
그 자체를 이해하지 못하고 살 수밖에 없다.

　므앙씽. 루앙남타 주위의 군소 도시로 떠나는 작은 터미널에서 2만 낍을 주고 왔다. 비가 간간이 내렸지만 루앙남타에서 출발한 듯한 많은 라이더들은 오히려 지나가는 버스에 여유 있는 손짓을 보낸다. 한 시간 걸려 도착. 오토바이에 자신 있는 사람이라면 이 정도의 고갯길은 충분히 올 만하고, 실제로 루앙남타로 오는 대부분의 여행자들은 므앙씽으로 오토바이 여행을 하러 온다. 아직까지 배우고 싶은 것들이 내 머리카락 수만큼 많지만 오토바이를 배우고 싶다는 생각을 해본 적은 없다. 아쉽지는 않다.

　여행자들이 주로 머무는 숙소며 주도로가 터미널에서 조금 떨어진, 들어가는 길에 있다면 미니버스 기사는 중간에 내려주는 센스를 보여주어야 마땅할 듯싶은데 곧이곧대로 터미널까지 가는 바람에 시내까지는 걸어올 수밖에 없었다. 몇 안 되는 다른 여행자들은 앞다투어 썽태우를 타고 흙먼지를 일으키며 시내로 들어갔지만 난 그냥 걷기로 했다. 정말 이제까지 상당수의 라오스 도시를 다녔지만 시내와 터미널까지 걷기도, 차를 타기도 애매한 곳은 이곳이 제일이다.

중간에 길거리에서 국수 한 그릇을 먹었다. 천 낍. 천 낍이다. 거의 한 입, 아니 한 모금에 후루룩거리며 들이켤 수 있는, 국물이 분홍색인 까오뿐이라는 소녀 국수. 계산을 치르고 일어서자마자 소화가 되었다.

여행자 안내소에 들러 지도를 한 장 얻으려 하니 3천 낍을 달라고 한다. 접히지도 않은 종이 한 장이다. 몇 군데 숙소에 들어갔다가 므앙씽의 입구에 있던 생짜른 호텔로 정한 후 특이하게 발만 씻고 다시 나왔다. 아주 가끔 그러고 싶을 때가 있다.

점심은 간판이 중국식 한자로 쓰여 있는 거리 식당에 들어갔다. 이곳에서 북쪽으로 올라가면 중국과 접한 국경을 만날 수 있지만 양국의 현지인들을 위한 국경일 뿐 여행자들이 통과하는 것은 불가하다고 한다. 특이하고도 혹은 멋지게, 작지 않은 식당은 메뉴판이 아예 없고 젊은 처자가 직접 부엌으로 나를 안내해 냉장고 문을 열어주고는 채소든 닭고기든 돼지고기든 맘에 드는 재료를 고르게 하

는 시스템이어서 아주 즐겁게 메뉴를 골랐다. 내가 직접 음식 만들기에 참여하는 것 같은 체험 주문은 획기적이라고까지 하기에는 뭐하지만 나름 환경 친화적인 주문 형태이므로 단순하게도 그만 기분까지 좋아져 버렸다. 영어를 전혀 못 하는 중국인 처자는 기가 막히게 내가 무엇을 원하는지 알아차리곤 했다. 바로 그것이다. 컵을 잡은 듯이 손을 둥글게 말고 무언가를 마시는 듯한 동작은 물을 달라는 의미 말고는 없다. 왜 이제까지 라오스에서는 이런 동작이 통하지 않았을까. 오, 입을 닦는 시늉을 하자 휴지를 가져다주는 절정의 센스까지! 테이블을 사이에 두고 스피드 퀴즈를 하고 있는 것 같은 우리는 순간 애정 어린 교감도 나눌 수 있을 것 같았다. 그녀는 계속해서 웃음을 잃지도 않았다.

맥주를 시켜 한 잔 가득 잔을 채워 마시고 있자니 어제 우돔에서

같이 넘어왔던 백발의 노인이 바깥으로 지나가고 있다. 바로 근처의 자리에 앉았었기 때문에 얼굴을 기억한다. 라오스 사람인 줄 알았으나 일본계 미국인이다. 하와이에서 살고 있다 했다.

  그가 마침 식당으로 들어오기에 자연스럽게 합석했다. 이름은 제리. 나이는 물어보지 않았지만 육십은 넘어 보인다. 그러니 어쩌면 노인이 아닐 수도 있다. 꽤 오랜 시간 사우디에서 미사일 프로젝트에 참여했다가 은퇴했다는 제리는 돈은 은행에 넣어두고 이자로 여행을 다닐 만큼은 되어 보인다. 여행을 상당히 많이 했고 라오스를 거쳐 태국에 들른 후 인도와 네팔로 행선을 잡고 있다. 독일인 부인을 두었으나 일찌감치 헤어져 사는 듯하여 가정사를 묻기가 곤란해 자식까지는 물어보지 않았다. 엄청난 흡연가로 1분에 한 꼴로 담

Muang Sing

배를 피우고 있다. 담배를 줄여보는 것이 어떠냐는 질문에 하와이로 돌아가는 순간 끊을 작정이라고 대답한다. 일본을 가끔 방문하는 이유는 오로지 라면을 먹기 위해서라는 그는 일본에 대해 자신이 알고 있는 갖가지 지식을 나열했다. 말馬은 확실히 한국에서 전해져 왔다는 것, 오사카 지역에는 백제로부터 전해져 내려온 한국 왕족의 흔적이 많다는 이야기, 예전에는 본토에서 홋카이도 출신들을 무척 홀대했다는 사실, 일본 내에는 생각보다 소수민족이 많은데 그중에는 말레이족이라는 민족도 있다는 것 등등.

이 외에도 많은 이야기를 나누었다. 어른들과 대화를 할 때는 주로 듣는 편이다. 아무래도 얼마간을 더 살았다는 것은 어쩌면 가장 존중되어야 할 부분임에 틀림없기 때문이다.

오토바이로 다시 루앙남타로 돌아간다는 제리와 헤어지고 마을 바깥쪽으로 걸어보았다. 므앙웅오이느아의 주도로보다 약 세 배 정도 되는 길이어서 걷기에는 무리가 없었지만 언제부터 떠 있었는지 모를 태양이 사실 지장을 주고는 있었다. 안내소에 붙어 있던 대강의 지도를 보고 탑이 있다는 곳으로 30분 이상을 걸어갔으나 알고 보니 반대편으로 걷고 있었다. 길가의 학교에서는 오늘이 스승의 날이라 대대적인 행사 준비 중이다. 웬만한 메탈 그룹의 공연장같이 거대한 앰프들이 마련되어 있고 어린이들은 가지런히 정렬, 행사 순서를 무척이나 기다리고 있는 눈치들이다. 오늘의 주인공인 선생님들도 물론 들떠 보인다. 행사의 리허설인지 음악을 트는데 어울리지 않게 성인 나이트 음악이다. 무조건 신나서 춤추는 어린이, 그 어린이를 말리는 반장 같은 녀석, 왠지 토라져 있는 소녀, 그 뒤로 아무 생각 없이 깔깔거리는 사내 녀석들, 심하게 아파 보이는 언니, 그리고 그 옆에 기대고 있는 여동생, 동생에게 다리 떨지 말라고 주의를 주는 누나. 라오스 스승의 날 학교의 정경은 이렇게 흘러가고 있다. 상당수의 어린이가 나만 집중해서 보고 있어 부담스러운 자리를 일찍 떴다.

므앙씽의 도로 뒤편으로는 비엥통에서 보았던 훌륭한 수준의 논밭이 펼쳐져 있어 잠시 여유로운 자세를 가지고 앉아 있기도 했고 500낍이라는, 우리나라 돈으로 100원도 안 되는 기름으로 튀긴 뻥과자를 먹어보기도 했다. 미지근한 물뿐이었지만 덩달아 물은 무척 신선한 느낌이었다. 저 멀리 다시 어두워지고 있는 먹구름과 아침나절에 비구름들을 물리쳤던 파란 하늘이 정면충돌하고 있다. 둘 다 엄청난 존재감으로 자리하고 있어 난 그저 어떤 식으로 전개되어가는지 봐야겠다는 생각보다는 자리를 떠야만이 둘의 커다란 싸움에 조금이라도 비켜설 수 있겠다는 생각을 해 슬그머니 자리를 피했다.

자연과 자연이 정면으로 부딪칠 때만큼 현실감이 없어지는 장면은 내 생각엔 지구 상에 없다.

숙소로 돌아오는 길에 뜻밖에 루앙프라방 터미널에서 잠깐 인사했던 중국 여성 류청을 만났다. 류청은 루앙에서 비엔티안으로 내려갔다가 다시 이곳으로 올라온, 동선상 조금은 벅찬 루트를 다니고 있었다. 류청과 이런저런 얘기를 나누다 결국 내 숙소 앞까지 오게 되었고 그녀는 내가 묵고 있는 방이 보고 싶다며 방까지 들어 왔다. 침대에 걸터앉아 문을 열어놓고 잠시 어색한 분위기가 흘렀지만 어디까지나 잠시였다. 미안하지만 무언가를 환기시킬 만한 얼굴이 아니다. 그런 스타일을 '조금은 귀엽다'라고 할 남자들이 있기는 하겠지만 분명 서양 남자들일 테다. 그녀의 특이한 억양의 중국 영어는 가뜩이나 저점인 환기 부족 상태를 바닥권으로 떨어뜨렸다.

자연과 자연이 정면으로 부딪칠 때만큼 현실감이 없어지는 장면은 내 생각엔 지구 상에 없다.

차라리 다행이었다.

류청을 보내고 아까 가보려고 했던 탑에 갔다. 생각보다 숙소와 무척 가까운 곳에 있었다. 귀여운 라오스 소년이 나를 보고 웃고 있기에 사진을 찍었더니 돈을 달라고 한다. 양해를 구하고 사진을 찍은 것이기에 미처 생각하지 못했던 터라 처음에는 무슨 말인지 못 알아들었다. 고백하자면 벌써 라오스에서 이런 일을 몇 번을 겪었다. 므앙씽 뒷길로 터덜거리며 걷다가 숙소로 돌아왔다. 참빠삭의 뒷길처럼 므앙씽의 비포장 뒷길은 한적하고 또 여유로웠다. 여행자에게 던지는 현지인의 특별한 시선 같은 것도 없었다. 그냥 그렇게 각자의 삶을 사는 라오인들. 냉담하다고는 볼 수 없는 평범한 시선이었고 그만큼 나의 시간을 누릴 수 있었다.

저녁 산책 삼아 시장에 들러 몇 개의 반찬과 밥으로 저녁을 마감했다. 류청이 또다시 나타났는데 이번엔 아일랜드 녀석과 함께였다. 레게풍의 아일랜드 녀석은 나에게 익살스럽고 저급해 보이는 미소를 슬쩍 던졌다. 난 그 미소를 50퍼센트 이상은 이해했다.

사방이 캄캄한 밤길로 돌아왔다. 아직 저녁과 밤 시간의 중간이었지만 거리는 온통 어두웠다. 어두워지고 보니 짧게만 느껴졌던 거리가 약간은 길다고도 생각되었다.

밤이 오면 후배가 추천해준 라오스의 반딧불이를 보고 말 작정이다. 꼭 보라고 했다. 너무나 아름답다고……. 너무나 아름다운 것을 보는 것은 사실 살면서 흔하게 접하는 일은 아니다.

그나저나 어제 루앙남타에서 잠시 만났던 KOICA 간호사가 요즘 뎅기열과 회충으로 인한 질병이 극성이니 트레킹은 물론 카야킹도 삼가라고 했는데 돌아오는 길에 모기에 엄청 물리고 말았다. 빨리 물고 소기의 목적을 달성한 후 재빨리 떠나가는 스타일의 모기들인데 그만큼 순간적으로 엄청나게 가렵고는 또 금방 사라지기도 했다.

므앙씽에서는 하루만 있다가 가기로 했다. 이런 조용한 마을에서 머물다 가는 것은 나힌과 비엥통과 므앙응오이에서 이미 해보았기 때문에 하루면 적당할 것 같다.

어디선가 귀뚜라미인지 개구리인지의 소리가 뒤엉켜 들리고 있다.

므앙씽. 낮에 바라보았던 들판의 모습으로 충분히 편하게 있다가 간다. 늘 하는 말이지만 편한 마음을 준다는 것은 피대상이 사람이라면 쉽게 하지 못할 상당히 어려운 일이어서 살면서 누군가 제대로 가르쳐주거나 겪어보지 못하면 아예 그 자체를 이해하지 못하고 살 수밖에 없다. 마음은 그렇게 말로써 설명하기에는 언뜻 와 닿지 않는 하나의 철학이자 예술이자 세계다. 므앙씽은 나에게 그 '마음'을 가감 없이 보여주었다. 그것으로 됐다.

새벽엔 비가 왔다. 제법 심하게 퍼부었다. 우기가 다 끝난 줄 알았으나 아직 그렇지 않은가 보다. 새벽에 내리던 비는 조금 후에는 그치겠지 하는 생각을 뛰어넘어 므앙씽을 나올 때까지 계속되었다. 신기하게도 루앙남타로 들어오는 길부터 비가 그쳤다.

루앙남타로 다시 돌아오고 이번엔 독참파 호텔의 앞쪽에 있는 뚤라씨쓰라는 숙소에 묵게 되었다. 독참파에 있을 때부터 봐두었던 곳인데 이 도시에서 다른 곳에 갈 이유가 없을 정도로 훌륭하다. 무선 인터넷이 되고, 깔끔하고, 욕실에서 먼저 전원을 올리는 등의 예비 동작 없이 바로 온수가 나온다. 하루에 6만 낍이었지만 이틀 묵을 예정이라고 흥정을 한 후 10만 낍을 냈다. 흥정은 사람의 감정

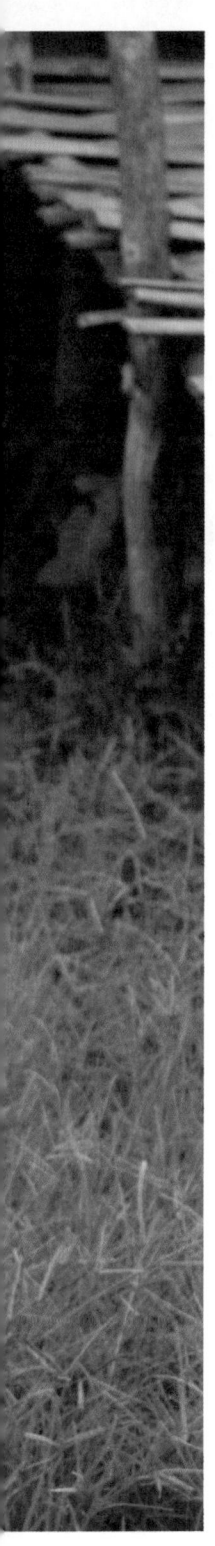

을 건드리지 않는 한 언제든지 붙일 수 있는 아주 재미있는 과정이다. 그리고 마당에는 이제 1년이 되었다는 개구쟁이 녀석들이 항상 장난을 치고 있다. 이름은 비Be와 밥Bop. 개들에게 재즈 장르의 이름을 붙인 것도 조금 코믹하다.

오늘은 하루 종일 방 안에서 빨래를 한다든가, 아직도 다 읽지 못한 책을 읽는다든가 하는 등의 잡다한 일들을 하며 휴식을 취했다. 어떻게 보면 라오스 여행 중 가장 빈둥거린 날이 되었다. 진즉에 이런 쉬는 날을 가졌어야 했는데 돌아보면 너무 뭔가를 남겨야만 한다는 생각에 계속 전진만 했던 것 같다. 여행이나 인생이나 연애에 있어서 '잠시 서 있는 것'은 무척 의미 깊은 시간이 된다고 생각한다. 그 과정을 이해하는 여자라면 당장 사랑에 빠지겠다. 물론 나부터도 그 과정을 이해해야겠지만.

그나저나 여행을 다니면서 이것저것 틈틈이 메모를 해두었던 작은 노트가 사라졌다. 므앙씽에서 없어진 것을 알았으니 루앙남타에서 잃어버린 것이 확실한데 독참파 호텔이건 식사를 했던 식당이건 전부 없다고 한다. 사라졌던 것이 나타날 확률은 나에겐 거의 바닥에 가까운지라 그냥 포기하기로 했다. 이제 슬슬 기억이란 것에 대해서도 노력이 필요한 때가 되어가기 시작한다.

저녁을 먹으러 나가는 길에 식당 한쪽에서 우두커니 식사를 하고 있던 유키를 만났다. 우돔싸이에서 말도 없이 사라진 후 므앙쿠아와 퐁살리를 거쳐 오늘 왔단다. 중간에 타이어가 펑크 나고 심하게 뒤틀린 비포장 길을 무려 열네 시간에 걸쳐 왔다며 퐁살리는 역시 안 가는 것이 좋았다고 나의 합리화에 종지부를 찍어주었다. 우돔싸이에서 숙소를 옮긴다고 하더니 왜 결국 없어져 버렸느냐고는 묻지 않았다. 그는 그럴 녀석이었다.

　숙소로 돌아와 비밥 형제들과 한참을 뛰어놀았다. 녀석들과 놀아주는 김에 산책을 하러 나왔다가 길에서 체코 여자를 만났다. 확실히 개들과 놀아주는 모습은 여자들에게 대단한 어필을 하는 모양이다. 다행히 비밥 형제는 여성들로부터 관심을 받을 만큼 용모도 뛰어난 편이었다. 그녀는 나와 같은 숙소에 묵고 있었는데 돌아오는 길에 차도 쪽에서 걷고 있던 그녀를 안쪽으로 인도하며 "한국 남자는 여자가 위험한 차도 쪽에서 걷는 것을 절대로 보지 못한다"라는 이제는 철 지난 멘트를 날려주었다. 순간 베로니카라는 이름을 가진 그녀는 황홀경에 빠진 것 같은 표정을 지어 보였다. 그녀는 내 얼굴에서 무지개를 본 것처럼 감격해했다. 한국 노래 중에 '천 원부터 만 원까지'라는 말도 안 되는 제목의 노래가 있다고 해도 당장 믿어버릴 것처럼 관심을 보였다. 이후로 베로니카와 이런저런 얘기를 한 것까지 합치면 거의 두 시간 동안 녀석들과 놀아주었다. 솔직히 베로니카가 없었으면 30분이면 벌써 일어나고 말았을 것이다. 녀석들은 끊임없이 싸우고 물고 장난치고 으르렁거리고, 정말 조금도 쉬지 않고 뛰어다녔다. 혹시 서로 헤어지는 일이 생겨 10년 이상을 떨어져 지낸다 해도 기적적으로 다시 만나면 누가 먼저랄 것도 없이 으르렁거리고 말 녀석들이었다. 물론 싸움을 말하는 것은 아니다.

　내일은 유키와 함께 오토바이를 빌려 주변의 탑과 소수민족 마을

을 방문해볼 생각이다. 이제까지 오토바이를 타지 않았던 것은 혹시 작은 사고라도 나면 라오스 여행 일정이 전체적으로 무너질 우려가 있어서였는데 지금은 거의 막바지라 크게 부담이 없다.

오토바이는 역시 무리였다. 초보자에게는 우선 신경 쓸 동작이 너무 많았다. 두 손과 두 발은 물론 상당히 많은 수의 손가락이 순간적으로 동원되어야 했으며 머리와 허리, 제일 중요한 몸의 균형까지 모두 유기적으로 움직여주지 않으면 안 되는, 일종의 과학이었다. 처음부터 냅다 달리기에 확실히 오토바이는 쉽지 않았다. 다소 소녀스럽지만 스쿠터를 타기로 했다. 스쿠터는 위에 열거한 많은 할 일 중에서 거의 기본적인 손동작과 몸의 균형만 있으면 평범한 길 정도는 알아서 알맞게 가주기 때문에 분홍색에 헬로키티가 도안된 것만 아니라면 어느 정도는 모르는 척 탈 수 있다.

직선 도로로 뻗은 길을 달리는 맛은 비행기 특별석을 탄 것과 조금도 다르지 않은 느낌이며 순간적으로는, 조금 과장해서 말하자면 '세상은 바로 내 것이다'라는 기분 좋은 착각도 일으키는 것 같다.

스쿠터가 이 정도이니 오토바이를 타는 것은 하나의 '세계'라고 보여진다.

 유키는 초반 스타트가 불안한 나를 보호하려는지 조금 뒤에서 천천히 달려와 주었다. 다소간의 아스팔트 구간이 끝나고 멀리 보이지도 않는 탑으로 진입하는 길까지는 며칠 전 자전거로 둘러보았을 때보다 완벽한 흙길 양상을 이루고 있었다. 게다가 오늘 아침엔 비까지 엄청 내린 터라 길은 이미 길의 기능을 잃었거나 아니면 흙길의 정체성을 고스란히 내뿜고 있었다. 질퍽하고 물웅덩이로 만들어진 구간에서는 역시 보기 좋게 자빠져 버렸다. 엄마한테 보여줄 정도로 무릎이 까지진 않았으나 스쿠터 밑에 깔리고 보니 스쿠터의 무게도 결코 가볍지 않은 걸 알겠다. 파이고 들어가고 물 진창이 된 흙길을 애초부터 초보자가 쉽사리 지나갈 수 있을 리 만무했다. 유키는 이런 극적인 장면은 사진을 찍어두어야 하지 않겠냐고 스쿠터 밑에 깔린 나를 보고 깔깔거리며 즐거워했지만 '오늘의 사진'이 아니 될 바에야 난 내 의도로 사진 찍히는 것을 좋아하지 않는다. 굴욕적인 자세로 넘어졌지만 나도 무척 재미있었다.

Muang Sing

계속해서 나타난 길은 완벽한 찰흙길이다. 진창에 빠져버린 스쿠터의 뒷바퀴에선 도시에선 들어볼 수 없었던 부드러운 마찰음이 났다. 나는 들어 올리면 발이 미끄러지고 발을 지탱하면 들어 올리는 각도가 나오지 않는 스쿠터를 몇 번이나 일으켜 세워야 했다. 물론 흙길에서 빙글거리긴 유키도 마찬가지였다.

벌써부터 지친 몸을 이끌고 올라가기에는 부담스러운 계단을 따라 황금빛 사원으로 빛나던 품푸크 사원에 올라가 루앙남타의 널찍한 풍경을 바라보았다. 유키와 나란히 앉아 아무 말도 하지 않았지만 우린 분명 유년의 기억을 떠올렸을 것이다. 그때의 그 바람이 우리 앞에 잠시 동안 머물러주었다.

얼핏 세어보아도 100개가 넘을 것 같은 계단을 내려와 조금 더 안쪽으로 달려 아카족 마을을 방문하려고 했지만 아침에 내린 비로 길은 강이 되어 있었다. 원래 렌트를 네 시간만 해둔 터라 지금 돌아가야 얼추 맞는 시간이었다. 나는 강을 넘지 않고 그냥 돌아오는 쪽으로 방향을 잡았다. 유키는 강을 넘을 작정이었다. 반대쪽에서 역시 넘어오지 못하고 있던 청년 한 명과 이쪽의 남자인 유키와 나, 그리고 열여섯 살 정도의 소년 네 명이서 오토바이 세 대를 들고 강을 건널 수는 없었다. 무리라고 판단될 때 차선을 택하거나 아예 다른 방향을 모색하는 것이 나의 장점이자 단점이다. 리턴. 유키는 남았지만 난 돌아왔다.

돌아오는 길 역시 흙탕길과의 사투가 이어졌다. 진창에 빠진 스쿠터를 혼자 힘으로 빼내는 것은 온 힘뿐 아니라 마음과 정신을 순간적으로 몰입해야만 가능한 일종의 노동 행위였다. 탑을 기준으로 마을로 돌아가는 길에서는 고작 너댓 사람만을 만났을 뿐이어서 도움을 받을 수도 없었다. 젊은 친구 두 명은 내가 진창에서 쩔쩔매는 모습을 보고는 미소를 지으며 그냥 지나쳤다.

　마지막으로 한 번 더 나자빠지고 난 후 드디어 아스팔트 길로 진입. 그동안 억눌렸던 흙탕 구간에 대한 콤플렉스를 몇 번의 왕복 질주로 달래주고 약속했던 시간보다 조금 이른 시간에 스쿠터를 반납했다. 스쿠터가 넘어지는 바람에 생긴 상처 때문에 벌금으로 대여료와 같은 5만 낍을 내야 했지만 기름이 남은 것으로 흥정해 4만 낍으로 마무리했다. 상처가 심하지는 않았지만 5만 낍의 벌금은 사실 비싼 것도 아니었다. 스쿠터가 거의 새것이라 20만 낍 이상을 불렀더라도 영락없이 물어주어야 할 판이었다. 솔직히 조금 낮게 나온 벌금 액수에 살짝 당황스러움도 느꼈다.

　방으로 돌아와 잠시 휴식을 즐기고 있는데 유키가 나타났다. 내가 떠난 후 몇 사람이 더 나타났고 장정 다섯 명이서 서로의 오토바이를 강 너머로 옮기는 것을 도와 기어이 아카족 마을을 다녀왔단다. 그곳에서 머리도 깎았다며 가히 아카스러운 머리를 나에게 선보였다. 여자친구였다면 충분히 사랑스러울 순간이었다. 유키에게 저런 순진한 면이 있어 직업 없이 10년을 놀아도 여자친구가 참고 기다려준 것이리라는 생각이 얼핏 들었지만, 역시 그것도 남자가 가지고 있는 여자에 대한 과대망상일 것이다.

　밤에는 유키와 함께 이곳저곳을 기웃거리는 야간 투어를 했다. 아무런 의미 없이 술집에 들어가 맥주 한 병씩만 하고 나와 2킬로미터에 가까운 밤거리를 걸어갔다가 다시 되돌아오는 야간 산책도 했다. 내일이면 헤어지고 남은 인생에서 또다시 어디에선가 만나리라고는 생각되지 않는 유키와 작별을 했다. 마침 그 길은 골목 마지막 구간의 가로등 아래였다. 나는 내일 떠난다는 말만 남기고 돌아섰다. 악수를 했고 유키는 일본식으로 허리를 굽혀 인사했다. 므앙응

오이에서 만나 우돔싸이와 루앙남타에서도 지냈던 터라 충분히 '친구'의 느낌이었다. 일본으로 돌아가도 특별히 할 일은 생각하지 않았다는 유키. 다 좋다. 며칠간만이라도 사랑하는 이비차와 함께 행복했으면 좋겠다. 이비차도 얼마나 유키가 보고 싶을까…….

    감기에 걸려버렸다. 유키와 헤어지고 숙소로 돌아오는 길에 아직까지 열려 있던 밤 시장에서 국수에 고추를 넣어 먹은 탓이었다. 고추 때문에 일시적으로 몸에서 열이 나 아무래도 쌈느아와 마찬가지로 자다가 옷을 벗어버리고 만 모양이다. 라오스 여행 막바지에 이게 무슨……. 아침에 중국인 시장에 들르기 전에 과일주스와 샌드위치를 먹었는데 주문한 달걀샌드위치 대신 치즈샌드위치가 나왔다. 아니, 치즈라고 불리는 슬라이스가 얹어진 샌드위치가 나왔다. 이런 점은 차라리 신기하기까지 하다.

시장은 그냥 시장이다. 난 개인적으로 시장에 가면 사람의 냄새를 맡을 수 있고 삶의 처절한 진행이 느껴지는, 뭐 이런 식의 시각을 가지고 있지는 않다. 시장은 그들의 일터일 뿐, 그들 속에 우리가 멋대로 들어가 그들의 삶을 마음껏 짐작하고 단언할 권리는 어디에도 없다. 단지 중국인 시장이니 뭐 특이한 것이라도 있기를 바랐는데 기대 이하로 특이한 물건이나 음식이 없었다. 폰싸완 시장에서는 박쥐도 보았었는데……

라오스 여행 일정 중 가장 큰 고민에 빠졌다. 하루를 더 묵고 몸을 쉬인 후에 떠날 것인가, 아니면 그대로 갈 것인가. 누구에게 물어볼 수도 없는 난제. 몸이 안 좋은 상황이라도 모든 결정을 본인 스스로 해야 하는 '여행'에서 달리 방법은 없다. 하룻밤 사이에 가래 색깔은 가짜 고려청자 색깔처럼 투박해졌다. 물론 목도 시원찮았다. 처음 보는 여자 앞에서라면 목소리 부분에서는 분명히 점수를 얻고 들어갈, 모성애를 불러일으키는 목소리였다.

주도로와 떨어진 한적한 곳의 중국인 숙소에 들어가 보았는데 생각보다 착하다. 고민은 깊어졌다. 몸 이곳저곳에 물어보니 모두들 '이 정도면 충분히 갈 만하지 않아?'라며 나를 토닥인다. 어떤 곳은 그냥 나를 째려보았다. '고작 이 정도 가지고?'라는 뜻이었다. 평생을 같이할, 그리고 같이 갈 나의 가장 오래된 친구들이다. 나의 감각과 기관들은 나와 함께 자라온 탓인지 여간해선 서로를 속이지 못한다.

몸을 추슬러 떠나기로 했다. 하루를 쉰다고 몸이 나아진다는 보장도 없다. 여행자는 아파도 길 위에서 아파야 한다는 거창한 슬로건까지는 아니더라도 그냥 버스 안에서 푹 자두면 될 것 같았다.

비밥 형제들과 작별 인사를 나누려고 했지만 이미 어디론가 없어졌다. 드디어 그동안 갈고 닦았던 으르렁거림의 실전을 행하는 날인가 보다. 너무나도 녀석들이 보고 싶었지만 원래 떠날 때는 말없이 가는 것이라고 하지 않는가.

훼이싸이로 가는 버스는 기대와는 다르게 미니버스였다. 숙소에 붙어 있던 버스 시간표는 1시 반 출발이었지만 정작 버스는 정확히 1시에 출발했다. 무얼까, 이런 의미심장한 정보들은······.

버스 안에는 아직도 엄청난 굴곡의 도로와 흙먼지를 넘나드느라 녹초가 되어버린 사람들이 극도의 구토를 해대고 있다. 그리고 역시 울고 있다. 이제껏 라오스 북부를 다니며 항상 여성 쪽에서 해왔던 그 묵묵한 작업을 웬일인지 이 버스에서는 남성들이 해대고 있다. 이 도로가 예전에는 완벽한 비포장 길로 여덟 시간 이상이 걸렸다는데 정말 라오스의 서쪽 끝에 당도할 때까지 끝까지 힘든 구간이다. 버스 기사는 무려 네 번을 쉬며 마지막 정차에서는 길바닥에 앉아 고개를 젓기까지 했는데 나는 조금은 어색하게 엄지손가락을 추켜올려 주었다.

그리고 이제 훼이싸이에 도착했다. 장장 40일을 넘게 돌아다닌 라오스의 마지막 도시다. 벌써와 드디어의 사이에 마침내 당도한 것 같다.

늦게 와서 미안해,
라오스

Houayxay
훼이싸이

40일, 라오스의
마지막 기억

이제 마지막 도시다.
라오스 40일의 마지막 밤.
라오스는 나에게 별밤 같은 축제였을까…….

Houayxay

차창 밖으로 순간 메콩 강이 보인다. 메콩. '어머니의 강'이라는 뜻의, 중국의 티베트에서 발원하여 미얀마, 라오스, 태국, 캄보디아, 그리고 베트남까지 거쳐 남중국해로 흐르는 강으로 전체 길이 4,200킬로미터 중 1,500킬로미터가 라오스를 통과하는 라오스의 젖줄이자 라오스의 피.

루앙프라방 이후로 보지 못했던 메콩. 언급하지 않아도, 잠시 인식하지 못하고 있다 하더라도 언제나 그 자리에 있는 메콩의 존재감은 실로 그 자체다. 그 자체로 그 존재로 최소한과 최대한의 의미를 모두 가지고 있는 메콩 강. 라오스 여행의 우수한 요소들을 최대한 긁어모으려고 하는 것이 아니더라도 라오스의 핵심은 어쩌면 이 메콩 강에 있는지 모른다.

다른 도시들보다 대체적으로 평균 이하인 숙소를 아무 곳이나 잡고는 저녁으로 오리 숯불구이를 먹고 일찍 잠자리에 들었다. 감기로 지쳐버린 몸도 안 좋았고 네 시간 거리였지만 루앙남타에서 훼이싸이까지의 구

간은 생각보다 체력적으로 소모적인 구간이었다. 방은 침대 한 개의 도로 쪽 방과 불필요한 침대 두 개가 있는 강 쪽 방이 있어 강 쪽의 방을 잡았다.

　이제 마지막 도시다. 라오스 40일의 마지막 밤. 라오스는 나에게 별밤 같은 축제였을까…….

　창 너머로 메콩이 흘러가는 소리를 일부러 잡아 들었다. 메콩은 조금은 지친 여행자에게 그나마 라오스의 마지막 소리를 허락하고 있는 것 같았다. 나는 창 너머 노을을 벗 삼아 그동안의 무사했던 여정에 깊은 감사의 기도를 드렸다.

　내일이면 라오스를 떠난다, 표면적으로는.

　언제가 될지 모르겠다. 라오스를 그리워할 때가…… 아니면 라오스를 적어도 그리워하지는 않을 때가……. 라오스가 추억에 미치지

못하고 한낱 기억에 머문다면, 아무리 그 기억이 길다고 하더라도 기억 따위가 추억을 앞서는 일은 없기에 어쩌면 짧은 연애에 이은 실패담처럼 그저 그 정도로만 남을지도 모르겠다.

하지만 이것만은 확실하다. 라오스는 적어도 꾸미지 않았다. 물건을 팔기 위해, 환심을 사기 위해 의도적으로 자신을 가꾸지 않았다. 라오스는 나를 조용히 받아주었고 또 가만히 보여주었다.

나 역시 라오스에 솔직한 마음을 가지고 떠난다는 것. 그래서 라오스는 나에게 최소한 완전하게 솔직한 나라로 남을 것이다. 서로 솔직했다면 죽을 때까지 후회는 없다.

새벽에 일어나 앞산의 사원에 들렀다가 바로 짐을 챙겨 국경을 넘었다. 생각보다 많이 남은 라오스의 낍을 환전해야 했기에 출입국사무소에 붙어 있는 은행이 열리기만을 기다렸지만 출입국 직원

Houayxay

들의 대답은 은행 개점 시간이 8시, 8시15분, 8시 반까지 모두 달라 별수 없이 무작정 기다려야만 했다. 누군가 조금 떨어진 곳에 있는 은행이 8시에 문을 여니 갔다 와보라고 해서 짐을 둘러메고 가봤지만 문은 닫혀 있었다. 가까스로 배가 떠난다는 8시 반이 넘은 시간에 창구에 낍을 들이밀었다. 그런데 직원은 이제까지 돈을 환전했

던 영수증을 달라며 영수증이 없으면 환전 역시 불가능하다는 입장을 보였다. 애초부터 환전 영수증을 가지고 있어야 한다는 생각은 아예 하지 못했다. 그리고 40일이나 지났다. 그런 생각은 처남의 음력 생일 날짜처럼 생각이 미치는 부분이 아니다. 그런 것은 애초부터 용량의 바깥 영역이다.

태국에서 라오스의 화폐가치는 무용해서 한낱 종이일 뿐이다. 배낭을 재빠르게 뒤적거려 1달러짜리 지폐라도 슬쩍 주어야 되나 하고 생각하는데, 어느새 직원이 환전을 끝냈다.

마지막 남은 만 낍으로 뱃삯을 지불하고 보트에 탔다. 이제 저 강을 건너면 태국이다. 저쪽이 이쪽이 되고 곧바로 이쪽이 저쪽이 되는 국경의 묘미.

떠난다.

고맙다, 라오스.

나에게 어쩌면 가장 중요한 것을 오랜만에 일깨워 주었는지도 모른다. 그동안 오래도록 모르고 있었던 것이 생각났다. 진심이란 것이 어떠한 것인지를…….

앞으로 또 얼마나 사람들과 부딪치며 진실함을 잃고 살아갈지 모르겠지만 얼마간이라도 진심으로 살아가고 있는 나의 모습을 발견한다면 그것은 전적으로, 라오스의 영향이자 덕분이다.

라오스는 앞으로의 내 인생에서 어쩔 수 없이 몇 번이고 넘어지고 말 나를 지켜주고 일으켜줄 것이고 난 뜻하지 않게 나에게 주어진 선물 하나를 라오스로부터 받은 셈이 된다.

그래서 난 라오스에 미리 감사해야 한다.

너무나도, 그리고 눈물 나게…… 라오스는 나를 가르쳐주었다.

난 그에게 아무것도 해주지 못했는데 말이다.

love, peace & empty……

1월

싸완나켓 주의 인항 탑 축제 That Inhang Festival.
1월 초순.

라오스 애국 전선일.
1월 6일.

참파삭 주의 왓푸 축제 Wat Phou Festival.
1월 중순.

캄무안 주 타켁의 씨코타봉 탑 축제 Sikhottabong Festival.
1월 중순.

2월

마가 푸자 Magha Puja.
불교 행사로 석가모니의 1,250명의 제자가 약속 없이 설법을 듣기 위해 모이는 날.
2월 보름.

3월

라오스 여성의 날.
3월 8일.

분 쿤 카오 Bun Khun Khao.
추수를 기념하는 축제.
3월 중순.

4월

분 삐 마이 Boun Pi Mai.
라오스의 음력설.
4월 중순 3일간.

5월

노동절 Labor Day.
5월 1일.

분 방 파이 Boun Bang Fai — rocket festival.
기우제. 대나무로 만들어진 로켓 모형을 하늘로 쏘아 올린다.
라오스와 같은 민족인 태국의 이산 지방과 중국 운남 지역에서도 같은 축제가 열린다.
우기가 시작되는 5월 중순.

비싸카 푸자 Visakha Puja.
불교 관련 축제 중 가장 주요한 행사로 밤이 되면 전국의 사원에서 촛불의 행진이 이어진다.
5월 중순.

6월

어린이날 Children's Day.
6월 1일.

7월

분 카오 판싸 Boun Khao Pansa — Buddhist Lent.
불교 하안거의 시작. 승려가 되기 위한 불교도들은 3개월 동안 대부분의 시간을 명상과 기도로 보낸다.
7월 보름.

8월

하우 카오 파답 딘 Haw Khao Padap Din.
축제일 아침 7시 사람들은 사원을 방문해 고인을 기리고, 탁밧에 참여한다.
8월 보름.

9월

분 카오 쌀락 Boun Khao Salak.
불교 축제로 고인의 정신을 기억하고 기념하기 위해 매년 9월 루앙프라방에서 열린다. 축제의 마지막 날에 고인을 기리기 위한 음식과 의복을 가지고 사원을 방문한다.
9월 중순.

10월

분 옥 판사 Bun Awk Phansaa.
불교 하안거의 끝으로 양초로 치장된 바나나잎 보트를 물로 떠내려 보내며 3개월의 수행이 끝났음을 기념한다.
7월의 분 카오 판싸가 끝나고 3개월 후의 시점.

분 남 Boun Nam — water festival.
옥 판사와 공동으로 개최되며, 비엔티안이나 루앙프라방 같은 대도시에서 벌어지는 보트 경주다.

독립기념일.
10월 22일.

11월

분 탓 루앙 Bun That Luang.
라오스의 주권을 상징하며, 라오인들의 절대 성지인 비엔티안의 탓루앙에서 일주일간 열리는 축제. 라오스의 축제 중 가장 화려하다.
11월 초 ~ 중순.

12월

라오스 건국기념일 Lao National Day.
1975년 공화국의 선언을 기념한다.
12월 2일.

몽족의 신년.
우돔싸이, 씨엥쿠앙, 루앙프라방과 비엔티안 등지에서 기념한다.
12월 중순 ~ 1월 1일.

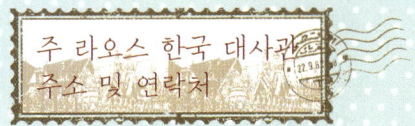

주 라오스 한국 대사관
주소 및 연락처

대사관 주소 : Ban Watnak, Sisattanak District, Vientiane, P.O. Box 7567
전화 : (국가번호 856)-21-352-031~3
팩스 : (국가번호 856)-21-352-035
E-mail : laos@mofat.go.kr
홈페이지 : lao.mofat.go.kr

주 라오스 대사관 페이스북 및 트위터
페이스북 : 검색창에서 Korean Embassy in Laos로 검색
트위터 주소 : http://twtkr.com/KoreanEmbLaos
라오스 관광청(한국어판 홈페이지) : http://www.laoforyou.com/index.php

국내 라오스 관련 인터넷 카페 :
http://cafe.daum.net/smilelao 라오스는 미소처럼
http://cafe.daum.net/laolove 라사모
http://cafe.daum.net/LAORENTCAR 라오스
http://cafe.naver.com/laos119 라오스를 가다
http://cafe.naver.com/bngtour 동남아 배낭여행